AUGUSTE ET THÉODORE,

OU

LES DEUX PAGES.

AUGUSTE ET THEODORE, OU LES DEUX PAGES,

COMÉDIE

En deux ACTES, en Prose et mêlée de chant.

Par MM. DEZÈDE et B. D. M.

Représentée pour la première fois à Paris par les Comédiens François, ordinaires du Roi, le 6 Mars 1789.

ET A VERSAILLES, DEVANT LEURS MAJESTÉS,

Le 12 du même mois.

Prix 30 sols.

A PARIS,

Chez { L'AUTEUR, Pavillon de Corneille, près la Comédie Françoise,
ET KNAPEN Fils, rue Saint André-des-Arts.

1789.

ÉPITRE DEDICATOIRE,

A SON ALTESSE ROYALE

LE PRINCE HENRI DE PRUSSE.

MONSEIGNEUR,

LA Comédie, que VOTRE ALTESSE ROYALE nous permet de lui présenter, a eu le bonheur de réussir ; mais ce succès, nous le devons moins à nos foibles talens, qu'à l'heureux choix du sujet.

L'hommage offert à l'auguste frère de

Fréderic-le-Grand, devoit nous captiver la bienveillance des François. Témoins des transports que la présence de Votre Altesse Royale *avoit fait naître, nous le sommes maintenant des regrets d'une Nation, qui sait honorer et chérir les Héros.*

Nous sommes avec le plus profond respect,

MONSEIGNEUR,

de Votre Altesse Royale,

Les très-humbles et très-obéissans serviteurs

Dezède, et B. D. M.

AVERTISSEMENT.

LE grand dépôt des Archives Littéraires (1), en rendant compte de cette Comédie, a dit que *cette bluette* n'étoit qu'une *Traduction* d'une *Pièce Allemande* intitulée : LE PAGE.

Voici l'analyse de ce Drame de M. Engel, et traduit par Friedel (2).

Un Prince (non pas) Fréderic le Grand, réveille son Page, enfant de six à sept ans, et lui demande l'heure

(1) Le Mercure de France.

(2) La Pièce Allemande se trouve au Cabinet Littéraire et dans les Œuvres de M. Berquin.

qu'il est. Le Page répond, qu'il n'a pas de montre : le Prince lui dit d'aller chercher une des siennes ; il l'apporte, et amuse son Maître par son babil enfantin.

Le frère aîné du Page est Enseigne dans les Gardes ; un fort mauvais sujet qui s'expose, par sa conduite, à se faire chasser, et que le Prince envoie en prison.

L'Oncle des deux frères est Capitaine dans les Gardes, et un homme extrêmement dur, que le Prince réprimande.

La mère du Page est veuve d'un Officier, elle est pauvre; mais son fils ne la fait pas subsister.

Le Prince donne cent écus à l'enfant

qui se consulte, s'il les donnera à sa mère, ou bien s'il achetera une montre.

La Pièce finit par l'arrivée d'un Directeur de Collège, avec qui le Prince parle de Littérature, et qu'il charge de l'éducation du Page, attendu qu'il est encore trop jeune, et trop foible pour pouvoir faire son service.

D'après cet exposé, il est aisé de voir, qu'il n'y a pas un caractère, pas une scène, pas un trait, pas un mot, d'où puisse résulter le moindre rapport entre les deux Ouvrages.

Il faut qu'au moment de notre succès, le Rédacteur n'ait pas eu le tems de lire ni la Pièce Allemande, ni notre lettre insérée dans le Journal de Paris; car nous aimons à croire, que ce n'est pas à dessin qu'il a fait un article si contraire à la vérité.

COSTUMES.

Le Roi. Habit bleu, boutons blancs aux deux côtés, collet, paremens et doublure écarlate, l'habit boutonné jusqu'en bas; veste jaune, culotte noire; bottes tirées par-dessus les genoux; éperons d'or, épée de cuivre avec une dragonne noire et argent, passant au travers des plis de l'habit; écharpe noire et argent par-dessus l'habit; aiguillette d'argent; la broderie de l'Ordre; grand chapeau à plumet blanc, avec une cocarde noire et une gance richement brodée; cravatte noire, coëffure très-négligée, queue longue et mince; canne à bec à Corbin, grande boëte d'or à tabac et de forme quarrée; gants à la cuirassière.

Auguste. Au premier Acte en petite

redingotte bleue, veste blanche, culotte jaune, bottes et éperons, les cheveux en désordre, chapeau galonné en or. Au second Acte; habit écarlate, larges galons d'or festonnés sur toutes les tailles; paremens et veste de velours bleu galonnés de même, culotte noire, col de velours noir, queue longue.

Théodore est vêtu de même, il arrive au premier Acte tout habillé.

Les quatre Pages de la suite du Roi ont le petit habit avec un petit galon uni et rien sur les tailles.

La mère de Caroline en robe grise, au premier Acte, et au second de même mais un peu parée.

Caroline au premier Acte en robe grise, et au second en robe blanche.

L'Hôte, d'abord en robe-de-chambre avec un bonnet de velours noir sur la tête, ensuite un habit d'une couleur foncée; boutons d'or jusqu'en bas, grands paremens, grandes manchettes, perruque à bourse avec des rubans noirs, qui viennent tomber sur le jabot; veste riche et culotte noire.

L'Hôtesse, corset de soie gros verd, jupon de soie coquelicot, bordé d'une dentelle en or, le corcet lacé avec une chaîne d'or; bonnet d'une étoffe d'or.

La Bonne, robe d'étamine brune, lacée avec un ruban blanc, un bonnet noir.

Les quatre Garçons. L'Allemand; veste de drap brun, perruque ronde et un tablier verd.

L'Anglois, gilet rouge, culotte de

peau, nouée sous les genoux, avec des rubans, cheveux coupés.

L'Italien. Habit bleu, court et étroit, avec un petit galon usé; veste et culotte de couleurs tranchantes, coëffure ridicule.

Le Gascon, frac et gilet élégant, culotte jaune, coëffure et chaussure soignée.

Ces trois Garçons Etrangers, en paroissant la seconde fois, ont chacun une serviette à la main.

SUITE DU ROI.

Des Officiers. Habit bleu de Roi à grands brandebourgs d'argent, doublure, collet, paremens écarlate, veste et culotte jaune, guêtres blanches, l'écharpe sur la veste.

D'autres Officiers, habit écarlate,

boutons d'argent aux deux côtés, paremens, veste et collet bleu de Roi, culotte-pantalon de peau, grandes bottes, éperons, l'habit boutonné et l'écharpe par-dessus, aiguillette d'argent.

D'autres Officiers. Bufle galonné d'or, paremens et collet rouge, culottes-pantalon de peau, grandes bottes, éperons, aiguillette d'or, l'écharpe sur le bufle et grand sabre.

D'autres Officiers. Bufle galonné en argent, paremens et collet rouge, culottes-pantalon de peau, grandes bottes, éperons, aiguillette d'argent, l'écharpe sur le bufle et grand sabre.

PERSONNAGES.

LE ROI. — M. FLEURY.

AUGUSTE. } Pages de la Chambre. { Mad. PETIT.

THEODORE. } Pages de la Chambre. { Mlle. Emilie CONTAT.

LA MERE D'AUGUSTE. — Mlle. RAUCOUR.

CAROLINE, sa fille et sœur d'Auguste. — Mlle. L'ANGE.

LISBETH, Gouvernante de Caroline. — Mde. BELLECOUR.

M. PHLIPS, Maître d'hôtellerie. — M. D'AZINCOUR.

Mad. PHLIPS, sa femme. — Mlle. CONTAT.

UN GARÇON ALLEMAND. — M. BELLEMOND.

UN GARÇON FRANÇOIS. — M. LAROCHELLE.

UN GARÇON ANGLOIS. — M. TALMA.

UN GARÇON ITALIEN. — M. CHAMPVILLE.

UN COCHER. — M. GERARD.

UN CUISINIER.

SUITE DU ROI.

La Scène est en Allemagne.

AUGUSTE

AUGUSTE ET THÉODORE.

ACTE PREMIER.

Le Théâtre représente un Salon honnête avec une grande porte dans le fond, et une porte ordinaire de chaque côté, adossée à la coulisse; à la troisième on voit de chaque côté une croisée. Sur la droite des Acteurs est une grande pendule à l'antique, et sur la gauche un grand bureau et un grand fauteuil auprès: sur le bureau sont deux livres de comptoir, une sonnette et une écritoire.

SCÈNE PREMIÈRE.

Il entre par la porte à gauche des Acteurs, et il est en robe-de-chambre avec un bonnet de velours sur la tête.

L'HOTE *seul.*

LEVÉ avant tout le monde, couché le dernier soins, activité, vigilance, exactitude et probité, voilà les moyens dont se sont servis mes bons ayeux, et que j'emploie moi-même pour conduire ma maison. On doit toujours chercher à se distinguer dans son état, et puisqu'il faut jouer un rôle ici bas, je préfére celui de bon homme à tous les autres. Je suis d'un caractère facile, je ne rançonne, ni ne poursuis jamais personne. Je plains ceux qui sont dans l'impossibilité de me payer, et quand je trouve une bonne occasion de rendre service, je la saisis. Il n'y a pas de plus grand plaisir pour moi. Aussi tout me réussit, tout me profite. Ce qui ruineroit un autre, m'enrichit, moi. En vérité, je ne sais pas comment cela se fait, mais je gagne plus d'argent à moi seul, que tous mes voisins ensemble : il est vrai que mon hôtel et moi nous sommes connus, je crois, dans le monde entier. Tous les Etrangers viennent loger ici de préférence. Princes, Ducs, Gens de qualité, Prélats, tous les ordres de Citoyens me font l'honneur de descendre chez Monsieur Philips, à l'hôtel des Quatre Nations. (*Il s'assied près du bureau, sonne et appelle*) l'Allemand! l'Anglois! Romain! Parisien! (*Les quatre garçons entrent et se placent sur une ligne*).

SCÈNE II.

L'HOTE, LES QUATRES GARÇONS.

L'HOTE, (*au Garçon Allemand*).

ERNEST!

ERNEST.

Monsieur ?

L'HOTE.

Avez-vous fait partir les trois Garçons que j'ai renvoyés hier ?

ERNEST.

Ils vont partir à l'instant. Ils ont bien du regret de quitter votre maison.

L'HOTE.

C'est leur faute.

ERNEST.

Ils espèrent qu'un si bon maître voudra bien leur donner des certificats.

L'HOTE.

Des certificats! Dans ce pays-ci, on n'en donne point aux mauvais sujets. Deux florins à chacun, et que je n'en entende plus parler. (*Le Garçon Allemand sort*).

SCÈNE III.

L'HOTE, LES TROIS GARÇONS.

L'HOTE, *au Garçon Anglois.*

COMMENT vous nommez-vous?

LE GARÇON ANGLOIS.

Jon's.

L'HOTE, *au Garçon Italien.*

Et vous?

LE GARÇON ITALIEN.

Carlo.

L'HOTE, *au Garçon François.*

Et vous?

LE GARÇON FRANÇOIS.

La France.

L'HOTE.

Jon's, Carlo et la France, écoutez. Savez-vous pourquoi les autres ont été mis à la porte?

LES TROIS GARÇONS, *chacun dans son jargon.*

Non, Monsieur.

L'HOTE.

Je vais vous l'apprendre. L'Anglois étoit insolent, méprisant tout ce qui n'est pas de sa Nation, et toujours tout prêt à faire le coup de poing avec le premier qu'il rencontroit sur son chemin.

LE GARÇON ANGLOIS. *dans son jargon.*

Il avoit tort.

L'HOTE.

L'Italien étoit faux, hipocrite et vindicatif, d'ailleurs très-suspect du côté de la fidélité.

LE GARÇON ITALIEN, *dans son jargon.*

Monsieur, je vous prouverai qu'il y a des gens dans mon pays qui n'ont pas ces défauts-là.

L'HOTE.

Et vous ferez bien. Le François. Quel dommage! il étoit doux, prévenant, gai, vif, bon garçon, mais libertin . . . Toutes mes servantes en devenoient folles. Il les trompoit toutes, et elles l'en aimoient encore davantage. Que cela vous serve de leçon.

LE GARÇON FRANÇOIS, *avec l'accent Gascon.*

J'en profiterai.

SCÈNE IV.

LES MEMES, LE GARÇON ALLEMAND.

LE GARÇON ALLEMAND.

MONSIEUR, la maison se remplit de monde. Les étrangers arrivent de toutes parts pour la revue. Voulez-vous bien donner vos ordres ?

L'HOTE.

Attention. Je me sers de quatre Garçons différents pour la commodité et le service des personnes qui viennent loger chez moi. Soyez polis, discrets, empressés et fidèles sur-tout. Point de conduite, point d'estime; point de travail, point de salaire; vous serez bien payés, bien nourris, mais je veux être servi de même. Allez, courez, rendez-vous à votre devoir, montrez par-tout le même zèle, ayez pour tout le monde les mêmes attentions; il faut que chacun dise en partant : on est très-bien ici, je reviendrai, je suis content, je reviendrai, je reviendrai à l'hôtel des Quatre Nations.

LE GARÇON ANGLOIS, *dans son jargon.*

Quand on a servi en Angleterre, on peut se présenter par-tout hardiment, je vous assure.

il sort.

LE GARÇON ITALIEN, *dans son jargon.*

Nous autres, nous cherchons à deviner ce que l'on peut desirer, et notre souplesse nous fait toujours réussir.

il sort.

LE GARÇON FRANÇOIS, *Gascon.*

Pour moi, Monsieur, je ne me vante pas, mais je tâcherai par mon service d'être agréable à tout le monde.

il sort.

L'HOTE.

Fidèle Allemand, je n'ai pas besoin de te recommander . . . . .

LE GARÇON ALLEMAND.

Vous me connoissez, Monsieur: sans faire beaucoup de bruit, je fais tout doucement mon devoir.

il sort.

SCÈNE V.

L'HOTE, L'HOTESSE.

L'Hôtesse entre par la même porte que son mari. Elle est toute habillée.

L'HOTESSE, *gaiement.*

BIEN ! fort bien ! . . voilà ce qu'on appelle un maître de maison.

L'HOTE, *toujours d'un air grave.*

Je m'en flatte. Bon jour, ma femme.

il lui tend la main.

L'HOTESSE.

Bon jour, bon jour, mon mari.

L'HOTE.

Te voilà, comme de coutume, toujours vive, toujours gaie.

L'HOTESSE, *l'interrompant.*

Et toujours bien éveillée.

L'HOTE.

On m'en fait compliment. Venez m'embrasser.

L'HOTESSE.

De tout mon cœur.

L'HOTE, *d'un air un peu goguenard.*

Entre nous, je crois que vous êtes bien aise d'être ma femme.

L'HOTESSE.

Entre nous, je ne dis pas non.

L'HOTE.

Je m'en doutois.

L'HOTESSE.

Mais c'est tout simple; notre fortune est honnête, et nos humeurs ne s'accommodent pas mal. Vous, mon ami, vous êtes un brave homme; moi, je suis une bonne femme; tu fais tout ce que je veux; cela fait que je n'ai jamais d'humeur; tu ne me laisses jamais manquer de rien, cela m'empêche d'avoir des fantaisies, tu me reproches par ci par là, d'être un peu coquette; moi, je te permets d'être un peu jaloux; aussi qu'est-ce que nos petites brouilleries ? Presque rien. On se boude un moment, on se querelle une minute; eh bien! tant mieux; on meurt d'envie de faire la paix. On se rapproche, on s'explique, on se raccommode, et un raccommodement, c'est toujours une fort bonne chose.

L' HOTE.

Ah, ah, ah, ah, la voilà bien. Toujours le petit mot pour rire. Madame Phlips, en vérité, plus je vous connois, plus je trouve que j'ai bien fait de vous avoir épousée.

L'HOTESSE.

Mon ami. Vous êtes fort galant.

L'HOTE.

Point du tout, mais j'ai réfléchi; et je suis bien certain, malgré les railleurs . . . .

L'HOTESSE.

Quoi donc?

L'HOTE.

Rien.

L'HOTESSE.

Que voulez vous dire?

L'HOTE.

Suffit.

L'HOTESSE.

Expliquez-vous.

L'HOTE.

Une autre fois.

L'HOTESSE.

A l'instant, je le veux.

L'HOTE.

Ah !

L'HOTESSE.

Eh bien ?

L'HOTE.

Eh bien. Vous n'avez pas encore vingt-deux ans.

L'HOTESSE.

Tant mieux pour vous.

L'HOTE.

On m'en fait compliment, mais . . . . . Tout le monde vous trouve si jolie.

L'HOTESSE.

Tant mieux pour moi.

L'HOTE.

Assurément. Mais.

L'HOTESSE.

Mais.

L'HOTE.

Bien des gens m'ont trouvé hardi, moi.

L'HOTESSE.

Et pourquoi donc, s'il vous plait?

L'HOTE.

Les uns croyoient. D'autres prétendoient. Enfin, mon cœur, que veux-tu que je te dise.

L'HOTESSE.

Ce sont des envieux, des jaloux qui t'en veulent, parce que je t'ai donné la préférence. Ecoute, mon ami, sois doux, complaisant, ne me contrarie jamais, et aime-moi toujours de même, je te promets . . . .

L'HOTE, *l'interrompant.*

Ma chère amie, je te promets tout ce que tu voudras.

L'HOTESSE.

Et tu seras heureux, d'ailleurs tu sais bien que dans notre famille, nous n'aimons que nos maris.

L'HOTE.

C'est cela qui m'a décidé.

L'HOTESSE.

Eh bien ! sois donc tranquille. A l'égard de ces Messieurs qui tournent la tête à toutes nos femmes, on sait ce que c'est. J'avois une amie qui les connoissoit bien, et voici ce qu'elle chantoit toute la journée.

AIR.

AIMERA
qui voudra
les hommes ;
C'est notre faute si nous sommes
Esclaves de ces Messieurs là.
Sans affecter un air sévère,
A leur joug on peut se soustraire ;
Et le bon moyen, le voilà.
Pour nous plaire
Vous les voyez
Insinuans,
Complaisans,
Tremblans,
Rampans,
Entreprenans,
Humiliés :
Dans cet état il faut qu'ils viennent
A nos pieds ;
Et quand ils y sont { qu'ils s'y tiennent,
que ces Messieurs s'y tiennent.

L'HOTE.

Charmante, charmante ! c'est chanter à merveille, et cette bonne amie avoit bien raison.

L'HOTESSE.

L'HOTESSE.

Et moi, je pense tout comme elle.

SCÈNE VI.

L'HOTE, L'HOTESSE, LES QUATRE GARÇONS, (*l'un après l'autre*) UN COCHER).

LE GARÇON ALLEMAND.

MONSIEUR, on demande le menu.

L'HOTE.

Je vais m'en occuper.

le Garçon Allemand sort.

LE GARÇON ITALIEN.

Monsieur, on demande les papiers publics.

L'HOTE.

Ils ne sont pas encore arrivés.

le Garçon Italien sort.

LE GARÇON ANGLOIS.

Monsieur, Mylord veut payer.

L'HOTE.

J'y vais.

le Garçon Anglois sort.

LE GARÇON FRANÇOIS.

Monsieur; Monsieur le Chevalier voudroit vous parler.

L'HOTE.

Va-t-il aussi me payer?

LE GARÇON FRANÇOIS, *en sortant.*

Je ne crois pas, mais il donne le bon jour à Madame.

LE COCHER.

Monsieur, il faut un chariot, deux calèches, et six chevaux de selle.

L'HOTE.

Allons, allons, j'y cours; je suis à tout le monde, qu'on ne fasse rien sans moi. Je vais mettre ma perruque.

SCÈNE VII.

L'HOTE, L'HOTESSE.

L'HOTE.

Adieu, ma chère femme, vous allez régler vos livres, et moi, je vais donner le coup-d'œil du maître.

SCÈNE VIII.

L'HOTESSE, *seule.*

Il va mettre sa perruque, pour donner le coup-d'œil du maître. Ces maris ! Avec leur ton d'autorité, ils ont toujours l'air d'ordonner, et ils obéissent sans cesse. Les pauvres gens ! Pour peu qu'on veuille s'en donner la peine, on les mene absolument tout comme on veut. Le mien, par exemple, je l'aime de tout mon cœur, mais je ne ferois pas une seule fois sa volonté, dût-il être mon mari pendant cent ans.

SCÈNE IX.

L'HOTESSE, AUGUSTE.

AUGUSTE, *il a l'air harassé et ses cheveux sont tout défaits.*

PARDON, Madame : n'est-ce pas vous qui êtes l'Hôtesse de cette maison ?

L'HOTESSE.

Oui, Monsieur, c'est moi qui suis la maîtresse; qu'y a-t-il pour votre service?

AUGUSTE.

Voudriez-vous bien me dire si deux Dames de la Province sont arrivées dans cet hôtel ?

L'HOTESSE.

Une mère avec sa fille ?

AUGUSTE.

Oui, Madame, une mère avec sa fille.

L'HOTESSE.

D'hier au soir; deux Dames Angloises?

AUGUSTE.

Non, Madame; celles que j'attends viennent de Stettin. Le carrosse n'est donc pas encore arrivé?

L'HOTESSE.

Il ne sera ici au plutôt que dans une heure.

AUGUSTE.

Ah! Madame, je vous supplie, je vous en conjure, tenez-leur un petit appartement tout prêt; ayez pour elles tous les soins, toutes les attentions; que rien ne leur manque, rien au monde; entendez-vous, Madame? Vous pouvez compter sur mon exactitude et sur toute ma reconnoissance.

L'HOTESSE, *à part.*

L'aimable enfant! (*haut*) soyez tranquille, Monsieur le Page; j'aurai soin de ces Dames, comme de moi-même.

AUGUSTE.

Vous êtes bien bonne : je n'ai reçu leur lettre qu'hier fort tard, et au même instant un ordre du Roi m'a fait partir avec des dépêches ; j'ai couru toute la nuit.

L'HOTESSE.

Toute la nuit par le temps affreux qu'il a fait !

AUGUSTE.

Ah ! Madame, j'y suis accoutumé (*bas*). Mais ma pauvre mère (*haut*) ! et à mon retour, ayant appris que Sa Majesté étoit sortie de la ville, j'ai saisi le premier moment pour voler ici.

L'HOTESSE, *s'attendrit peu-à-peu à part.* Ce cher enfant (*haut*) ! exposé, toute la nuit, au vent et à la pluie, à cet âge là. Mon Dieu ! comme ses pauvres cheveux sont mouillés ! Reposez-vous donc, mon Gentilhomme, reposez-vous un moment.

AUGUSTE.

Cela n'est pas possible; il faut que je m'en aille bien vîte, que je retourne au château : je n'ai pas une minute à perdre.

L'HOTESSE.

Mais c'est comme si vous y étiez; ma maison n'en est qu'à deux pas, et puis on voit par cette fenêtre tout ce qui se passe sur la grande place.

AUGUSTE, *il s'avance vers la fenêtre et fait un cri.*

O ciel ! voilà le monde qui accourt: c'est le Roi qui arrive. Adieu, Madame. Dites à ma mère qu'Auguste . . . . Dites-lui que je reviendrai bientôt, le plutôt que je pourrai, (*il court et revient*) Ah . . . Dites-lui aussi que sa lettre. (*Il montre une lettre sous sa camisole*); voyez, elle ne quitte pas mon cœur; dites-le lui bien, je vous en prie. (*Il lui presse les mains*). Ah, Madame, je vous recommande la plus tendre, la meilleure des mères. (*il sort*).

(L'hôtesse est attendrie jusqu'aux larmes qu'elle essuie avec son mouchoir. L'Hôte paroît dans ce moment : il est surpris de voir s'enfuir un Page.

SCÈNE X.

L'HOTESSE, L'HOTE, *tout habillé.*

L'HOTE, *s'approchant.*

MA femme . . . . Ma femme . . . . (*Il lui ôte le mouchoir*). Comment donc ? Vous pleurez !

L'HOTESSE.

Sûrement que je pleure, et vous en feriez bien autant, si vous saviez . . . .

L'HOTE.

Cela se peut ; mais voyons, de quoi s'agit-il ?

L'HOTESSE.

Du plus intéressant jeune homme, d'un fils qui adore sa mère : elle va arriver ; il m'a demandé un petit appartement pour elle. Je lui ai promis celui-ci, je lui donnerois le mien, je lui donnerois volontiers toute ma maison.

L'HOTE.

« Toute la maison, toute la maison . . . Comme vous prenez feu pour Monsieur le Page.

L'HOTESSE.

Eh ! pourquoi donc pas, mon ami?

L'HOTE.

Pourquoi? . . . . C'est que vous ne les connoissez pas, vous n'êtes pas au fait comme moi de toutes les gentillesses de ces Messieurs ; défiez-vous en, ma femme, défiez-vous en, c'est moi qui vous le conseille.

L'HOTESSE

Encore de la jalousie ! un Page, un enfant.

L'HOTE, (*à demi-bas*).

Un enfant, un enfant : quand une fois ils ont mis le pied dans une maison . . . . (*haut*). Tenez si je chantois aussi-bien que vous, je vous dirois des couplets qui ont été faits sur eux.

L'HOTESSE.

Des couplets ! Voyons, mon ami, votre chanson.

L'HOTE.

Mais je chante si mal, et ma voix . . .

L'HOTESSE.

Je sais bien qu'elle n'est pas belle ; mais vous n'avez rien à me refuser, et vous chanterez pour me plaire.

L'HOTE.

Je tâcherai donc de faire de mon mieux.

PREMIER COUPLET.

Les tours que font Messieurs les Pages
Ne sont, dit-on, que jeux d'enfants,
Et l'on doit voir leurs badinages
Avec des yeux très-indulgents.
Tant qu'ils ne sont pas dans un âge
Où l'on peut causer quelqu'ombrage
A des époux, à des mamans,
Les tours que font Messieurs les Pages
Ne sont encor que jeux d'enfans.

SECOND COUPLET.

On en rit, on les encourage,
Et même on dit qu'ils sont charmans;
Alors ils osent davantage,
Et l'on s'y fait avec le temps.
Pour séduire une fille sage,
Pour troubler la paix d'un ménage;
Que leur faut-il? quinze ou seize ans;
Les tours que font Messieurs les Pages
Sont-ils encor des jeux d'enfans?

L'HOTESSE.

Ce que vous dites-là n'est point du tout plaisant . . . . pour un mari.

L'HOTE.

Je vous le demande.

SCÈNE XI.

L'HOTESSE, L'HOTE, LE GARÇON ALLEMAND.

LE GARÇON ALLEMAND.

Le carrosse de Stettin vient d'arriver. (*Il sort*).

L'HOTESSE.

Ah ! tant mieux ! viens, mon bon ami ; allons vîte au-devant de ces Dames. Mais les voilà déjà. Oh, oui ! ce sont sûrement elles.

SCÈNE XII.

L'HOTESSE, LA MERE D'AUGUSTE, CAROLINE, L'HOTE, LA BONNE, *dans le fond.*

L'HOTESSE.

Mes Dames, donnez-vous la peine d'entrer, et soyez les bien venues. On vous attendoit avec impatience. Un jeune Gentilhomme, un Page de la chambre . . . .

LA MERE.

Mon fils!

CAROLINE.

Mon frère!

L'HOTESSE.

Oui, Madame.

LA MERE ET CAROLINE.

Cher Auguste! où est-il?

L'HOTE.

Une minute plutôt, vous le trouviez, mes Dames.

L'HOTESSE.

Il n'y a qu'un instant qu'il vient de s'en aller; ce cher enfant! il a couru toute la nuit, pour le service du Roi, et il a été obligé de retourner au château, bien vîte; mais il m'a promis qu'il reviendroit, dès qu'il le pourroit. Ah ! Madame, quel fils vous avez ! quelle tendresse pour sa mère et sa sœur ! Si vous aviez vu son empressement, ses inquiétudes, et votre léttre, Madame, qu'il porte sur son cœur. Ah ! je ne puis y songer, sans verser encore des larmes, mais elles sont bien douces.

CAROLINE, *attendrie.*

Ah, ma mère !

LA MERE, *attendrie.*

Chère Caroline ! nous l'embrasserons bientôt. Monsieur l'Hôte, dès que mon fils sera arrivé, vous voudrez bien . . .

L'HOTESSE.

C'est moi, Madame, qui vous l'amenerai.

L'HOTE.

Non, ma femme; c'est moi qui aurai cet honneur : vous conduirez ces Dames à leur appartement; elles auront besoin de vous, et moi, je reste ici; j'attendrai Monsieur le Page et le présenterai moi-même. (*à la mère*) Madame, quand il vous plaira.

LA MERE.

Monsieur l'Hôte, je vous remercie de vos attentions, et de votre bon acceuil.

L'hôtesse conduit ces Dames à leur appartement et la Bonne n'osant passer devant l'Hôtesse, après un jeu muet de part et d'autre, finit par passer la première en faisant une révérence à l'Hôtesse.

SCÈNE XIII.

L'HOTE, (*les suit des yeux*).

L'AIR noble, de la décence, de la politesse; ces Dames n'auront qu'à se louer de moi. Mais pour ne pas perdre de temps, voyons si ma femme s'est occupée de ses livres. (*Il va au bureau, ouvre les livres et les examine*). Elle ne les a pas seulement ouverts. Elle aura jasé avec l'aimable enfant, Monsieur le Page. Allons, allons, il n'y a pas grand mal; il est encore bien jeune. Mais pour la punir de sa négligence, je vais faire les comptes moi-même; cela vaudra mieux que de la gronder. (*Il s'assied*). Voyons. Son excellence, Monsieur le Comte (*Il compte et calcule tout bas*). Vin de Bordeaux, vin de Champagne, du Marasquin.

(*Il compte et chiffre bas*). Fort bien ! (*Il tourne une feuille*). Messieurs les Conseillers auliques. A table d'hôte. (*Il écrit et tourne une feuille*) Messieurs les Chambellans. Ils dînent toujours en ville et reviennent se coucher sans souper. (*Il tourne une feuille*). Article des Anglois. Oh ! c'est un peu différent. (*Il calcule bas*). Trente ducats dans un jour ! (*Il écrit et tourne une feuille*). Ah ! voici Monsieur le Chevalier. (*Il tourne plusieurs feuillets*). Il remplit presque seul tout mon livre. Il est vrai qu'il ne se laisse manquer de rien. Il mange, boit, ne va jamais à pied, crève tous mes chevaux, se sert de tout mon monde, me fait enrager, me promet tous les jours de l'argent, ne m'en donne jamais et finit toujours par m'en emprunter. Mais comme ce n'est pas la première fois que cela m'arrive, le crédit lui sera continué. J'attendrai un peu ; n'importe ; j'aime les François, moi. Ce sont de bonnes gens. Ils vous font attendre souvent ; mais on finit toujours par être payé, assez bien.

SCÈNE XIV.

L'HOTE, L'HOTESSE.

L'HOTE.

VOILA ma femme. (*Il se lève*) Qu'a-t elledonc ? Il me semble qu'elle a l'air bien triste.

L'HOTESSE, *d'un air affligée.*

Je viens de montrer l'appartement à ces Dames, mais elles n'ont besoin que d'une chambre.

L'HOTE.

Eh bien, ma chère amie !

L'HOTESSE.

Elles ne sont pas heureuses. Sûrement elles ne sont pas aussi heureuses qu'elles méritent de l'être.

L'HOTE.

Cela n'arrive que trop souvent ; et sur-tout aux honnêtes gens.

L'HOTESSE.

La mère m'a parlé. « Ma bonne hôtesse, » m'a-t-elle dit, je ne fais point de prix avec » vous, mais cette première pièce nous suffit ». Ensuite, elle a baissé les yeux. Elle vouloit me cacher ses peines et ses larmes. Mon bon ami, il faut des attentions, des égards . . .

L'HOTE.

Elles garderont l'appartement et ne payeront que la chambre; et si ce n'est pas assez . . .

L'HOTESSE.

Brave homme ! Viens m'embrasser à ton tour. Oui, je suis heureuse d'être ta femme. Je te préfére à tous les maris du monde. Quel cœur excellent !

L'HOTE, *attendri.*

Il faut offrir nos services à ces Dames. Ce soin te regarde; il faut ne les laisser manquer de rien; ne crains pas que j'y trouve à redire; plus tu feras de bien, plus tu me feras plaisir.

Seulement, ménageons leur délicatesse. Ma bonne amie, prenons bien garde de les offenser.

L'HOTESSE, *en fixant un moment son mari.*

Avec cet air brusque, qui croiroit qu'il a l'ame si sensible. Ces Allemands ?

L'HOTE.

Ma chère femme, il faut tâcher de mettre la Bonne dans nos intérets.

L'HOTESSE.

C'est à quoi j'ai songé : car en sortant, je lui ai fait signe que je serois bien aise . . . La voilà.

SCÈNE XV.

L'HOTE, LISBETH, L'HOTESSE.

LISBETH, *avec embarras.*

Excusez-moi, Madame. Je ne sais si je me suis trompée, mais vous aviez l'air de vouloir me parler.

L'HOTESSE.

Il est vrai, et je vous suis obligée d'être venue.

L'HOTE.

Quelles sont ces deux Dames qui viennent d'arriver chez moi?

LISBETH.

Je n'ai pas l'honneur de les connoître.

L'HOTE.

Vous les avez cependant accompnagées.

LISBETH.

Pendant le voyage seulement.

L'HOTESSE.

Mais la jeune personne vous appelle sa Bonne.

LISBETH.

Tantôt sa Bonne, tantôt autrement.

L'HOTESSE.

Elle a l'air de vous aimer beaucoup.

LISBETH.

Elle a bien de la bonté. je crois qu'on m'appelle. Pardon. Il faut que je rentre; on peut avoir besoin de moi.

L'HOTE, *l'arrêtant.*

Encore un moment, s'il vous plaît.

LISBETH.

Mais pourquoi donc toutes ces questions. Je ne sais rien, rien du tout. Je vous l'ai déjà dit, je ne connois pas ces Dames.

L'HOTE.

Vous êtes une brave femme. Votre embarras et votre discrétion prouvent vos sentimens, et votre attachement pour vos maitres. Et quand vous saurez . . . .

L'HOTESSE.

Oui, ma chère amie, quand vous connoitrez nos intentions, vous serez la première . . . .

LISBETH, *les regardant l'un après l'autre, et hésitant un peu.*

Parlez-vous de bonne-foi. Ah! ne cherchez pas à me surprendre.

L'HOTESSE.

Nous en sommes incapables.

LISBETH.

Prenez bien garde. Vous me feriez mourir de chagrin; et qui serviroit alors ma pauvre maîtresse?

L'HOTE.

Mais pourquoi donc soupçonner d'honnêtes gens, qui ne veulent que faire le bien.

LISBETH.

J'aime à le croire. Mais si vous saviez....

L'HOTESSE.

Eh! nous savons déjà la tristesse extrême de ces Dames, et puis Monsieur le Page, ce bon fils, a laissé entrevoir . . .

LISBETH.

Il vous auroit fait confidence . . . . !

L'HOTESSE.

Il nous en croit dignes au moins.

LISBETH.

Ce cher enfant ! mon petit Auguste ! je le reconnois bien-là. C'est moi qui l'ai élevé ; c'est moi qui éleve ses autres petits frères : je ne suis qu'une pauvre veuve, mais on m'aime, on m'honore dans la maison. Ah ! Madame, Ah ! Monsieur ! si vous connoissiez cette respectable famille. Il n'y a que leurs malheurs qui puissent égaler leurs vertus.

L'HOTESSE.

Eh ! ma chère amie, plus ils sont à plaindre, et plus il faut s'empresser de venir à leur secours.

L'HOTE.

Instruisez-nous donc bien vîte, afin que nous puissions trouver des moyens . . . . !

LISBETH.

Eh bien. Je vous dirai tout. Mais pour Dieu ! que jamais on ne puisse se douter . . . .

L'HOTESSE.

Le plaisir de faire une bonne action vous répond du sécret.

LISBETH.

Vous êtes de bien bonnes gens. Ecoutez-moi bien. (*Elle regarde si personne ne les écoute*) vous saurez donc que madame est la veuve d'un brave Officier. C'étoit le plus honnête homme et le meilleur Major de l'armée. Il estimoit beaucoup mon mari, qui étoit Sergent dans le même Régiment. Tous les deux étoient d'un courage et d'une intrépidité.... Et c'est cela même qui les a conduits au tombeau, car ils ont été tués tous les deux, le même jour, à la même bataille. Vous pouvez juger quelle fut notre désolation, en apprenant cette triste nouvelle. Jamais, non, jamais, nous n'aurions pu survivre à ce malheur, sans le tableau déchirant des enfans qui ajoutoit encore au désespoir de la mère. Imaginez-vous six pauvres petites créatures autour d'elle, qui gémissoient et qui crioient : « c'en est donc fait, nous ne » verrons plus ce bon père. Qu'allons-nous » devenir » ? Et les voilà tous ensemble qui se jettent à genoux, qui levent leurs bras innocens, et qui crient en sanglotant : « chère » maman ! prens pitié de ta malheureuse petite » famille; ne te livre pas au désespoir; conserve-» toi pour tes enfans : nous t'aimerons, nous » te consolerons, nous n'existerons que pour » prolonger tes jours et pour faire le bonheur » de ta vie ». Ils ont tenu parole.

(*Pendant cette scène, l'Hôte et l'Hôtesse s'attendrissent peu à peu*).

L'HOTE.

Que je me sens attendri !

L'HOTESSE.

Comment retenir ses larmes ?

LISBETH.

Enfin la mère ne s'occupant plus que des devoirs maternels, a mis ordre à ses affaires, a terminé celles de feu Monsieur le Major, a vendu sa maison, a placé son argent chez un Négociant, et nous nous sommes retirées dans une petite campagne qui lui restoit. Là, nous vivions depuis quelques années, et nous commencions à jouir d'un peu de tranquillité, lorsqu'un monstre abominable . . Ah ! grand Dieu ! prends pitié de nous. Hélas ! un procès aussi cruel qu'injuste . . . .

L'HOTE.

Un procès injuste ! vous le gagnerez.

LISBETH.

Mais il faut de l'argent, des amis, des protecteurs.

L'HOTE.

De l'argent, j'en ai ; des amis, nous en trouverons ; des protecteurs, avec notre bon Roi, une bonne cause n'en a pas besoin. Comment s'appelle votre Maîtresse ?

LISBETH.

Riesberg.

L'HOTE, (*avec le plus grand étonnement*).

Comment, Madame est la veuve du Major Riesberg, mon bienfaiteur !

LISBETH.

Vous le connoissiez, Monsieur !

L'HOTESSE.

S'il le connoissoit !

L'HOTE.

La veuve du Major Riesberg est malheureuse, et je ne l'ai pas su plutôt.

L'HOTESSE.

Mon ami.

L'HOTE *à Lisbeth.*

Qu'elle ne craigne rien; qu'elle soit tranquille; qu'elle compte sur la reconnoissance que je dois à feu M. le Major, et dont je donnerai des preuves à sa famille. Mon bien, tout ce que je possède, je le lui offre de bon cœur : elle peut en disposer.

LISBETH, *serrant les mains de l'Hôte.*

Le brave homme ! l'honnête homme ! La Providence nous a conduites chez vous. J'entends Madame.

L'HOTE.

Retirons-nous vîte. Vous acheverez de m'instruire : toi, ma femme, restes ; tu sais de quoi nous sommes convenus.

(*L'Hôte et Lisbeth sortent ensemble par la porte du fond*).

SCÈNE XVI.

LA MERE D'AUGUSTE, L'HOTESSE.

LA MERE, *à elle-même.*

MON fils ne vient point. (*haut*) Madame, il n'est pas encore arrivé ?

L'HOTESSE.

Pas encore. Si Madame vouloit, en attendant, me donner ses ordres.

LA MERE.

Je ne pense qu'à mon fils.

L'HOTESSE.

Peut être qu'il ne peut pas quitter : il faut qu'il soit de service auprès du Roi.

LA MERE.

Il me tarde bien de le voir.

L'HOTESSE.

Ah ! je le crois. Mais il me vient une idée. Je vais envoyer quelqu'un au Château, qui parlera à l'Officier de garde, et par ce moyen, nous aurons bientôt des nouvelles de Monsieur Auguste. Un moment de patience, Madame; je cours et reviens à l'instant.

LA MERE.

Ma bonne Hôtesse, je suis sensible à toutes vos attentions. Voudriez-vous aussi dire un mot en sortant, pour qu'on ait bien soin de la personne qui nous a accompagnées.

L'HOTESSE.

Oh ! rien ne lui manquera. Mais vous même, Madame, vous ne daignez pas me commander....

LA MERE.

Je ne demande que mon fils.

L'HOTESSE, *à part.*

Elle me refuse. Comment faire ? Je n'ose en dire davantage. (*haut*) Votre très-humble servante : je vais envoyer au Château.

(*elle sort*).

SCÈNE XVII.

LA MERE, *seule.*

GRAND Dieu ! que j'ai de graces à te rendre de m'avoir accordé des enfans comme les miens, sur-tout ce fils, modèle de l'amour filial. Je vais le revoir : sa douce présence va ramener le calme dans ce cœur affligé. Viens mon fils ; en te pressant dans mes bras, j'oublierai les rigueurs de la fortune ; mon ame pourra se livrer à toute ma tendresse. Ah ! ma tendresse, toute extrême qu'elle est, ne pourra jamais payer ni ton amour, ni tes bienfais. Heureuse mère ! cet enfant que ton sein a nourri, n'existe, ne respire que pour toi. Il renonce à toutes les douceurs qu'à son âge on désire toujours, et il se prive de tout pour que je sois moins à plaindre. Mon fils ; mon fils !... Mais il ne vient point. Chaque instant redouble mon impatience. Cher Auguste ! ah ! qu'il est doux pour un cœur sensible de joindre les sentimens de la reconnoissance à ceux de la plus tendre mère.

SCÈNE XVIII.

LA MERE, CAROLINE.

CAROLINE.

Vous laissez seul votre fille, ma Mère !

LA MERE.

Viens, mon enfant. Te voilà toute tremblante. Qu'as-tu donc, ma chère Caroline ?

CAROLINE.

Ah, maman ! Si les cruels qui nous persécutent, alloient nous poursuivre jusqu'ici. O Ciel ! je frémis pour ma mère.

LA MERE.

Tu frémis pour ta mère ! fille infortunée ! tu ne songes point à tes propres chagrins ; tu ne t'affliges que de mes peines. Mais, mon enfant, les tiennes sont aussi là. (*Elle la serre contre son cœur*). Ma fille, souffrons, mais ne nous démontons jamais.

CAROLINE.

Votre Caroline sera toujours digne de vous.

LA MERE.

Ah ! je n'en doute pas. J'aurois voulu assurer ton bonheur aux dépens de ma vie. Je n'aspirois qu'au moment de te voir unie à Ferdinand ; mais ruinée, sans bien, sans espoir peut-être.... Et Ferdinand est toujours le même ?

CAROLINE.

Ah ! toujours le même.

SCENE

SCÈNE XIX.

LES MEMES, LA BONNE, THEODORE, *arrivant après.*

LA BONNE.

MADAME, Madame, bonnes nouvelles! Voici un Page de la Chambre.

LA MERE, *sans voir Théodore.*

C'est mon cher Auguste!

CAROLINE, *sans voir Théodore.*

C'est mon frère!

THEODORE, *à la porte, aux gens de la maison.*

Bon jour, Ernest : bon jour, vous autres. Avertissez tout le monde, j'ai besoin de toute la maison pour me servir.

CAROLINE, LA MERE.

Ce n'est pas lui.

SCÈNE XX.

CAROLINE, THEODORE, LA MERE D'AUGUSTE.

THEODORE.

Madame, Monsieur votre fils, mon ami, ayant été subitement nommé de service auprès du Roi, m'envoie ici vous offrir ses respects, son chagrin, et tout le zèle et toutes les attentions du plus dévoué de ses camarades.

LA MERE.

Quoi, Monsieur ? nous ne le verrons pas !

THEODORE.

Dans ce moment-ci, c'est absolument impossible ; mais si j'ai le bonheur de faire agréer mes services, je pourrai, par ma place.... Oui, Mesdames, comme le Roi, après son dîner, s'accorde ordinairement quelques instans de sommeil, j'espère, je répons de réussir à combler les vœux les plus chers de mon ami, et ceux de la plus juste impatience.

LA MERE.

Ah ! Monsieur, si vous connoissez celle d'une mère, vous devinez déjà son premier désir ; que pense-t-on ? Que dit-on de mon fils ?

THEODORE.

Les bontés du Roi répondent à cette question.

LA MERE.

Quelle douce satisfaction pour une mère !

CAROLINE.

Et pour une sœur !

LA MERE.

Auguste est donc estimé ?

THEODORE.

Et chéri de tous ceux qui le connoissent bien.

LA MERE.

Ah! croyez, Monsieur, qu'il gagne à être connu. Mais pardon : je ne parle que de mon fils, et j'ignore encore à qui je dois tous mes remercîments.

THEODORE.

Je suis le fils unique du Général Kronschild, frère du Baron immédiat du Saint Empire, qui porte le même nom. J'ai eu quelquefois l'honneur de voir Madame chez mon oncle le Commandeur, et Mademoiselle chez ma grande tante : il est vrai que dans ce temps-là j'étois si jeune, que ces Dames n'ont peut-être pas trop daigné prendre garde à moi.

OLINE.

Ah! oui, ma mère, je m'en souviens fort bien : et, si je ne me trompe, on appelloit Monsieur Théodore.

THEODORE.

L'étourdi; car je l'étois alors et beaucoup

Mais aujourd'hui ce n'est plus cela, tout est changé : maintenant, permettez, Mesdames, que je m'acquitte de l'emploi que m'a confié mon ami. Cette maison est fort bonne, mais il faut crier une heure avant d'être entendu. (*Il se tourne vers la porte du fond*) Holà ! he ! Garçons, arrivez. (*aux Dames*) Je vous demande bien pardon. (*Il va vers la porte du fond*). Ernest, Ernest ! (*Il revient*) Mille pardons, Mesdames. (*Il retourne à la porte*). L'Hôte, l'Hôtesse ! Garçons, tous les Garçons ! (*Il revient*); Quand je vous l'ai dit. Vous voyez comme on est servi. (*Il prend la sonnette qui est sur le bureau, ouvre la porte du fond et sonne tant qu'il peut en criant*). Hola, donc, l'Allemand, l'Anglois ! tous les Garçons, l'Hôte, l'Hôtesse !

L'HOTESSE, *en dedans.*

On y va.

SCÈNE XXI.

LES MEMES, LES QUATRE GARÇONS.

L'ALLEMAND.

Nous voilà : qu'ordonnez-vous, Monsieur le Page ?

THEODORE.

Il est tems, ma foi, car il y a deux heures que je crie.

L'ALLEMAND.

Pardon, mais la veille d'une revue, on ne sait à qui entendre.

THEODORE.

Tenez, prenez : (*il donne de l'argent à chacun*). Et attendez-moi ici. Je reviens dans la minute. (*aux dames*) Je suis au désespoir; mais ici c'est impossible autrement : si j'avois le bonheur de recevoir ces Dames chez moi....

LA MERE.

Monsieur, nous allons vous laisser.

THEODORE.

Daignez accepter ma main.

(*Il les reconduit à leur appartement*).

SCÈNE XXII.

LES QUATRE GARÇONS.

LE GARÇON FRANÇOIS.

CADÉDIS ! le charmant jeune homme ! comme il est généreux ! il m'a donné cela.

LE GARÇON ITALIEN.

A moi aussi.

LE GARÇON ANGLOIS.

A moi de même.

LE GARÇON ALLEMAND.

Et à moi donc.

LE GARÇON FRANÇOIS.

C'est un Seigneur.

L'ANGLOIS.

C'est un Lord.

L'ITALIEN.

C'est un Marquis.

L'ALLEMAND.

Point du tout : c'est un Gentilhomme.

SCÈNE XXIII.

LES MEMES, THEODORE.

THEODORE.

ALLONS, mes amis : alerte ! j'ai besoin de toute la maison. Faites-moi venir l'hôte et l'Hôtesse. Il me faut tout le monde pour me servir.

(l'Allemand sort).

SCÈNE XXIV.

THEODORE, LES TROIS GARÇONS, *dans le fond.*

THEODORE.

LA sœur de mon ami est charmante : courage, Théodore, voilà une conquête digne de toi. Voilà la femme qu'il me faut, je l'adore. Il s'agit de briller ici de toutes les manières. (*Il sort de l'argent de toutes ses poches et le met dans son chapeau*). Il ne faut rien négliger, et je vais commencer par lui donner un repas magnifique.

SCÈNE XXV.

L'HOTESSE, THEODORE, LES TROIS GARÇONS, *dans le fond.*

L'HOTESSE.

MONSIEUR le Baron, on dit que vous voulez vous emparer de toute ma maison.

THEODORE.

Bat ! je ne sais pas même si j'en aurai assez. Bonjour, Madame Phlips, vous êtes toujours la plus jolie femme de Berlin : je meurs d'amour pour vous.

L'HOTESSE.

Vous avez bien de la bonté; voilà mon mari.

SCÈNE XXVI.

L'HOTESSE, THEODORE, L'HOTE, LES QUATRE GARÇONS, *dans le fond.*

L'HOTE.

MAIS, qu'est-ce donc qui se passe ici. Quel bruit ! quel train ! On diroit que la revue se fait chez moi.

THEODORE.

Eh ! arrivez-donc, arrivez-donc : vous vous faites bien attendre.

L'HOTE.

Ah ! je ne m'en étonne plus, c'est un Page. Eh bien, Monsieur !

THEODORE.

En vérité, charmante Hôtesse, vous avez la mine la plus piquante. (*à l'oreille*) Je vous aime à la folie.

L'HOTE.

Monsieur, je vous demande bien pardon ; mais quand on vient dans mon hôtel, c'est au maître, c'est à moi seul qu'on s'adresse.

THEODORE.

Cela se peut, mais j'aime mieux avoir affaire à Madame.

L'HOTE.

Monsieur le Baron, trève de badinage : nous n'avons pas comme vous l'habitude de perdre notre temps. Dites-moi ce qui me procure l'honneur de vous voir, ou trouvez bon . .

THEODORE.

Ce qui vous procure l'honneur de me voir ; je vais vous le dire. Savez-vous faire un repas ?

L'HOTE, *choqué.*

Si je sais faire un repas !

L'HOTESSE.

C'est son fort, que les repas.

THEODORE.

Eh bien, écoutez. Je veux être servi comme on l'est en France. La plus belle argenterie, le plus beau linge, quatre services, la plus grande chère et les mets les plus délicats, des vins exquis, et le dessert le plus recherché. Je me moque de la dépense. (*Il lui met son chapeau plein d'argent sous le nez*). Prenez autant d'argent que vous voudrez, mais je veux un festin qui ne finisse pas.

L'HOTE.

Combien de couverts ?

THEODORE.

Trois.

L'HOTE.

Trois !

THEODORE.

Dans l'appartement de ces Dames.

L'HOTE, *étonné*.

Dans l'appartement de ces Dames ! ah ! très-volontiers, (*aux garçons*). Allons que tout le monde s'empresse à servir Monsieur. M. le Baron, vous serez traité à la Françoise ; et, comme bon Allemand, vous aurez un dîner qui ne finira pas.

Fin du premier Acte.

ACTE II.

Le Théâtre représente l'antichambre de l'appartement royal dans le Château. Une grande porte est au fond; deux autres moins grandes placées vers les troisièmes coulisses. Une table très-ornée dans le fond avec une pendule dessus, une autre table sur le devant également ornée, et sur laquelle est une écritoire en or. Des chaises et des tabourets de velours bleu à franges d'or et à pieds dorés.

SCÈNE PREMIÈRE.

THÉODORE, *il entre par la porte du fond et vient en sautant.*

Heureux Théodore ! heureux Théodore !..... Je suis dans une joie, dans une ivresse; la tête m'en tourne. Ah ! la céleste créature que ma chère Caroline : voilà qui est fait. J'aime comme on n'a jamais aimé, et je suis fixé pour toujours. Quelle douceur ;

quelle modestie, et quelle grace ! Je ne parle pas de sa figure, c'est un ange. L'amour l'a fait exprès pour moi. Quels yeux ! une taille, et puis ce souris enchanteur, et puis une mélancolie si douce, si voluptueuse, une mère si respectable, un frère, mon meilleur ami, j'épouse tout cela : je rends hommage à l'amour, à l'amitié, à la vertu. Je comble de biens tout ce qui m'est cher, et mes parents ne pourront pas faire un plus noble usage de leur fortune.

SCÈNE II.

THEODORE, AUGUSTE. *Auguste est gai comme Théodore, et il entre par la même porte.*

AUGUSTE.

AH ! mon ami, te voilà ! eh bien ! Sont-elles arrivées ? Les as-tu vues ? Comment se porte ma mère, ma sœur ? Ne leur est-il point arrivé d'accident dans leur voyage ? Qu'ont-elles dit ? Qu'ont-elles fait ? Les verrai-je bientôt ?

THEODORE.

THEODORE.

Point d'inquiétude, mon ami, tout va bien. Ces Dames se portent à merveille, et elles vont venir. Elles sont enchantées de toi, de moi. Ta sœur est adorable (*bas*). Il ne sait pas qu'il sera mon beau-frère bientôt (*haut*). Je t'ai représenté, j'ose dire, avec succès; tu n'as qu'à demander. Dans deux heures tu les verras.

AUGUSTE, *tristement*.

Dans deux heures!

THEODORE.

Ecoute donc, mon ami. Il faut bien les laisser reposer un peu; et puis, ne faut-il pas une toilette, une grande toilette pour ta sœur; et puis ne faut-il pas dîner? Enfin j'ai fait des merveilles; on te dira tout cela.

AUGUSTE.

O ma mère, dans deux heures, je mêlerai mes larmes aux vôtres!

THEODORE.

Ce sera un moment bien doux pour tous les quatre. Car j'y serai aussi; pas vrai, mon ami?

AUGUSTE, *lui serrant la main.*

Ah ! de tout mon cœur.

THEODORE, *lui sautant au cou.*

Cher Auguste ! que tu me fais de plaisir ! *bas.* Je meurs d'envie de lui dire que je vais me marier avec sa sœur. Oh non, il faut faire ma déclaration d'abord.

AUGUSTE.

Que dis-tu donc, mon ami ?

THEODORE.

Je dis qu'il faut te reposer aussi ; tu as couru toute la nuit, tu n'en peux plus de lassitude. Tiens, mets-toi là. Mets-toi sur cette chaise, et tâche de dormir un peu.

AUGUSTE.

Moi ! dormir, quand j'attens ma mère.

THEODORE.

Eh ! ne t'inquiéte donc de rien. Laisse-moi le soin de tout ; je te réponds que je ferai les choses comme il faut. Vois-tu ce rouleau ? les galions sont arrivés. Cent ducats que m'envoie ma famille pour le jour de ma fête. Tiens, mon ami, partageons, ou plutôt prends tout; tu me feras encore plus de plaisir.

AUGUSTE.

Mon cher Théodore, je te remercie.

THEODORE.

Ne te gênes pas, je suis en fonds. *Il baisse la voix.* Depuis un mois, je gagne tous les jours au jeu; prends mon rouleau.

AUGUSTE.

Bien obligé, mon ami.

THEODORE.

Je ne veux pas que tu me remercies; je veux que tu acceptes.

AUGUSTE.

Je suis sensible à tes offres; mais je n'ai besoin de rien. *Il étouffe un soupir.*

THEODORE.

Tu n'as besoin de rien. Voilà donc comme tu me chagrines toujours ? et tu te dis mon ami !

AUGUSTE.

Théodore.

THEODORE.

Non tu ne l'es pas. Pas plus que de tes autres camarades, qui se plaignent de toi, et qui ont raison de se plaindre.

AUGUSTE.

Théodore.

THEODORE.

Je ne l'ai jamais voulu croire : j'avois toujours pris ton parti contre eux ; mais je vois bien à présent . . . .

AUGUSTE.

Et que peut-on me reprocher ?

THEODORE.

Pourquoi refuser mon argent ? Pourquoi se

singulariser en tout ? S'éloigner toujours de tout le monde, vivre presque seul, n'être d'aucune partie ? tout cela ressemble à du mépris.

AUGUSTE.

Théodore.

THEODORE.

Oui, Monsieur ! a du mépris : le sais-tu ?

AUGUSTE.

Ah ! mon ami !

THEODORE.

Ils disent cependant qu'il y a pour moi des préférences. Ils le croyent, et tu ne veux pas accepter mon argent ; et dans quel moment encore. Ah ! Monsieur, est-ce là une marque d'amitié ?

AUGUSTE.

Chèr Théodore ! il faut que je sois bien à plaindre, si je suis obligé de me justifier auprès de toi.

THEODORE, *honteux.*

Est ce que je te le demande. Eh ! non, mon cher Auguste ; avec moi jamais de justification.

AUGUSTE.

Mais que veux-tu donc que je fasse contre d'injustes soupçons, et de fausses accusations ?

THEODORE.

N'y pas donner lieu. Ne plus cacher tes démarches, tes dépenses, tes plaisirs ! cela te fait des ennemis, et si enfin le Roi . . .

AUGUSTE, *alarmé.*

Le Roi.

THEODORE.

Eh ! mon cher camarade, manquons-nous de surveillans, et les surveillans manquent-ils de rapporteurs ? Crois-tu qu'ils te pardonneront jamais la pension que tu as obtenue à ton âge ?

AUGUSTE.

Ah ! grand Dieu ! conservez-moi les bontés de mon maître ! Malheureux enfant ! ... Que deviendroit ma pauvre mère ?

THEODORE.

Tranquillise-toi, mon ami ; il ne t'abandonnera jamais. N'as-tu pas pour toi sa justice, ton innocence et la mémoire de ton père ? Ce grand Roi oublia-t-il jamais un brave Officier, tué sous ses drapeaux ?

(*Auguste soupire*).

Calme toi donc, mon cher Auguste, et ne t'affliges pas. Sur-tout pardonne-moi ma petite vivacité ; je te promets de la bien réparer ; mais en attendant ne songeons qu'au plaisir de revoir ta mère, ta sœur. Je vais de ce pas retourner auprès de ces Dames, et pendant que je vais les chercher, tu te reposeras un peu : mon ami, entends-tu ? tu en as grand besoin.

AUGUSTE.

Il est vrai, je n'en puis plus ; mais si le Roi...

THEODORE.

A l'heure qu'il est ? Il n'y a qu'un moment qu'il s'est jetté, comme de coutume, tout botté sur son lit de repos. Toute la nuit, il l'a passée au milieu des dépêches, et toute la matinée au milieu des bataillons. Voilà un Roi qui se donne bien du bon temps. Allons, allons, mets-toi là et dors un peu ! Moi, je vais agir. Compte sur mes soins, mon intelligence, et sur-tout sur mon amitié, je ne te demande pour tout cela que de vouloir bien prendre mon argent.

AUGUSTE, *attendri.*

Mon cher Théodore, mon cher ami, je t'en demanderai quand j'en aurai besoin.

THEODORE, *l'embrassant.*

C'est parler cela ! adieu, mon ami. (*à demi bas*). Adieu mon petit frère (*haut*). J'ai bien des projets : je veux... Mais je te dirai tout cela. Adieu, adieu, mon cher Auguste. (*Il dit tout cela en sautant, et sort par la porte du fond ; on voit des gardes en sentinelle*)

SCÈNE III.

AUGUSTE, *seul.*

QUEL ami j'ai là ! Il s'est fâché, parce que j'ai refusé son argent. (*Il s'assied sur une chaise et tire la lettre de dessous sa camisolle*). Hélas ! s'il savoit ! (*Il regarde la lettre*). Ah ! qu'il m'en voudroit. (*Il ouvre la lettre et la baise*). O ma malheureuse mère ! ma malheureuse mère . . Voilà donc où nous sommes réduits ! (*Il parcourt la lettre et lève les yeux au Ciel : il soupire*). Mais tout n'est pas encore désespéré. Le Roi sera instruit ; il saura tout ; rien n'échappe à sa vigilance ; il admet et écoute tous ses sujets. Tous ont également part à sa bonté et à sa justice ; c'est le Dieu tutélaire de son peuple ; il sera sensible à nos malheurs ; il s'attendrira sur le sort d'une famille persécutée . . . . Je vois déjà nos ennemis confondus, punis. (*à demi bas*). Oui, je me sens déjà plus calme...... Un doux espoir renaît dans mon ame . . . . (*plus bas*). Ma mère ! tout va changer . . . . Bientôt nous ne pleurerons plus . . . (*Il s'endort et laisse tomber sa lettre sur ses genoux*).

SCÈNE IV.

AUGUSTE, *endormi.* LE ROI. *Le Roi entre par la porte du côté droit des Acteurs, il a plusieurs papiers à la main : il regarde la pendule.*

LE ROI, *son ton brusque.*

JE me suis reposé trop long-temps.... Lisons vîte ces lettres (*il en ouvre une*). Le Prince de . . . . Il a le temps d'attendre. (*Il met la lettre dans la poche gauche. Il en ouvre une autre*). Le Conseiller intime de . . . On ne me trompe pas deux fois. (*Il met cette lettre de même dans la poche gauche: il en ouvre une autre*). Fidèles sujets, les Colons de . . . (*il lit*) Ils obtiendront ce qu'ils demandent . . . L'activité et l'industrie peuvent toujours compter sur ma protection . . . (*Il met cette lettre dans la poche droite et il en ouvre une autre*). Les pauvres habitans de . . . . Voilà les plus pressés : les malheureux ont tout perdu par le ravage des eaux. Ils auront tous les secours nécessaires, et seront exempts d'impôts pendant deux ans. (*Il ouvre la dernière lettre*). Le Commandeur de . . . Ah ! qu'il vienne, j'ai des torts à réparer . . . . (*Il la met dans sa poche droite. Appercevant Auguste endormi, il s'approche de lui et le fixe un moment* . Il dort mieux que moi . . . . Cet enfant m'intéresse... On l'accuse cependant . . . . Mais je me souviens de son père . . . . . Quel est cet écrit ? Voyons . . . . J'y trouverai peut-être quelqu'éclaircissement. (*Le Roi se met dans un fauteuil de l'autre côté et vis-à-vis d'Auguste, et il lit*) « Cher Auguste, seul appui de ta mère » et de ta malheureuse famille . . . *Le Roi étonné regarde Auguste avec intérêt.* La pension » que le Roi a daigné t'accorder, vient encore » de m'être payée ». Voilà donc, enfant généreux, l'usage que tu en fais . . . . Et on t'accuse..... Je verrai toujours par moi-même. L'erreur des Rois coûte cher . . . *Il continue de lire.* « Ce n'étoit pas assez qu'une fraude im» punie ». (*d'une voix terrible*) Impunie ! « Engloutit le bien acquis par le sang de ton » père . . . . La haine d'un Magistrat puis-

» sant et oppresseur . . . . . Des frais pour
» payer notre perte . . . O mon fils! . . .
» L'existence, l'honneur de ta mère, le chaume
» qui couvre une noble famille va lui être arraché
» avec ignominie. (*Il s'attendrit*) menacée du
» plus accablant décret, poursuivie peut-être
» jusques dans la Capitale . . . . J'y cours
» chercher des protecteurs à mes enfants et un
» ami, un seul ami qui se souvienne de leur
père ». (*Il essuie une larme de ses yeux*) Qu'elle
vienne à moi, je suis cet ami là.

AUGUSTE, *parlant en songe et tendant les bras, dit à demi-voix.*

Cent ducas. (*plus haut*) cent ducas. O ma mère ! le ciel nous les envoie.

LE ROI, *écoutant avec intérêt et se levant avec précipitation.*

Oui, il te les envoie, pauvre et noble enfant! *Il tire un rouleau de sa poche et le met dans celle d'Auguste.* Remettons-lui sa lettre; mon or ne la lui payeroit pas . . . *L'enfant se réveille et le Roi se hâte de s'éloigner, en feignant de lire.*

AUGUSTE.

Le Roi ! . . . . *Il se lève avec effroi.* Ah ! mon Dieu ! . . *Il est tremblant et n'ose lever les yeux. Le Roi qui l'a entendu, se doutant de son embarras, se détourne encore davantage. Auguste se permet de regarder du coin de l'œil, et voyant le Roi qui lit, il se rassure un peu.* Il ne m'a pas vu. *Il voit la lettre par terre, il la ramasse avec vivacité.* Ah ! ma lettre ! *Il la met sur son cœur.*

LE ROI, *sans quitter les yeux de dessus sa lettre.*

Quelqu'un ! . . *Auguste avance timidement.* Qui a porté cette nuit mes dépêches ?

AUGUSTE.

Sire, c'est moi.

LE ROI, *adoucissant son ton naturel, qui cependant perce toujours.*

Et pourquoi ne te laisse-t-on pas reposer ?

AUGUSTE.

Quelle bonté !

LE ROI.

Auguste, des soupçons s'élèvent ici contre toi. (*Auguste est altéré*). Que fais-tu de ton argent ?

AUGUSTE, *avec le plus grand embarras.*

Sire.

LE ROI.

Te reproches-tu de l'avoir mal employé ?

AUGUSTE.

Non, Sire, Dieu m'en est témoin.

LE ROI.

Pourquoi donc tant de mystère ?

AUGUSTE.

Sire . . . Votre Majesté. . . . .

LE ROI, *d'un air satisfait, à part.*

Il n'avoue rien. (*haut*) Auguste tu n'as plus de père. (*Il le regarde avec une extrême bonté*).

AUGUSTE, *transporté, avec une confiance respectueuse.*

Pardonnez-moi, Sire.

LE ROI, *avec la même bonté.*

Achève.

AUGUSTE, *en se précipitant aux pieds du Roi.*

Ne suis-je pas un des sujets de votre Majesté.

LE ROI, *après avoir fait relever Auguste.*

Que fait ta mère?

AUGUSTE.

Sire, elle bénit son Roi, et lui élève des serviteurs.

LE ROI, *avec attendrissement, mais d'un ton assez ferme.*

Auguste, je veux la voir, ta mère. (*Il fait deux pas et se retourne*). Entends-tu? Je veux la voir. (*Le Roi sort par la porte du fond qu'il ouvre. Un Grenadier est en sentinelle; il l'observe un instant, et sort; la porte se ferme*).

AUGUSTE, *à genoux et les bras étendus vers le Ciel.*

Avec enthousiasme.

O Dieu, qui lisez dans mon ame! accordez-moi le bonheur de mon père . . . Mourir pour un tel maître. . . .

SCÈNE V.

THEODORE, CAROLINE, AUGUSTE, SA MERE.

Theodore entre avec ces Dames, par la porte, à gauche, au moment où le Roi est sorti.

THEODORE.

AUGUSTE!

LA MERE.

Mon fils!

CAROLINE.

Mon frère!

AUGUSTE.

AUGUSTE.

Ma mère. Grand dieu. Ma chère Carololine ! *(Il se jette dans les bras de sa mère et de sa sœur).*

THEODORE.

Voilà mon ouvrage.

(moment de silence)

LA MERE.

Reste, reste dans mes bras, mon fils.

THEODORE.

Quel spectacle !

LA MERE, *à Théodore,*

Monsieur. Que peut dire une mère à son fils qui la fait subsister.

AUGUSTE, *au désespoir de ce qu'il vient d'entendre.*

Que viens-je d'entendre. O ma mère ! vous faites souffrir, vous faites mourir votre enfant.

Théodore s'éloigne doucement et sort par la même porte.

SCÈNE VI.

CAROLINE, AUGUSTE, LA MÈRE D'AUGUSTE.

LA MERE.

C'EST en vain que tu m'imposes silence; ton cœur généreux craint les témoins, et le mien les desire et s'en honore.

AUGUSTE.

Vous vous abaissez, ma mère. Ah! parlez moi de ce que je vous dois. Grand dieu! qui peut jamais payer une mère.

LA MERE.

Un fils comme Auguste!

CAROLINE.

Un frère comme Auguste!

Ils se jettent encore une fois dans les bras l'un de l'autre, et il se fait un moment de silence.

AUGUSTE.

Ma mère, ma sœur ! que nos cœurs s'ouvrent à l'espérance. Le Roi... Ah ! si vous saviez. Il m'a parlé de vous, ma mère, il m'a répété deux fois avec une extrême bonté, « je veux » la voir, entends-tu ; je veux la voir », il faut lui faire le récit de tous nos malheurs.

LA MERE.

Oui, mon fils ; il faut l'instruire de tout. Nous avons été persécutés, nous avons tout perdu ; mais nos cœurs, nos ennemis même, n'ont pas un seul reproche à nous faire.

AUGUSTE.

Nos ennemis . . . Qu'ils tremblent. . . Mais, ma mère, comme le regard du Roi, ce regard unique arrêteroit peut-être les expressions sur vos lèvres, mettez-vous à cette table, écrivez sans apprêt : votre sensibilité . . . Voilà le style qu'il faut : parlez beaucoup de mon père, de vos enfans . . . Rien de moi.

LA MERE, *l'interrompant.*

Rien de toi, mon cher Auguste !

AUGUSTE.

Oh ! non, rien, je vous en conjure : nommez ma sœur, mes pauvres frères ; peignez-lui, comme sous notre humble toît, nous entourions son image, comme de jeunes cœurs s'enflammoient à son grand nom . . . . . Tout cela comme le votre vous l'inspirera . Le votre . . . Entendez-vous, ma mère, et soyez sûre que chaque ligne, chaque mot iront droit au cœur du Monarque.

LA MERE.

Ah ! mon fils ! le sentiment qui comble l'ame peut-il s'exprimer ? . .

AUGUSTE.

Tout est là ; tout est prêt ; prenez cette plume et écrivez, ma mère. (*Il lui donne la plume et lui baise la main*). Le Ciel guida toujours cette main maternelle . . . . (*La mère s'assied et se met à écrire ; Auguste conduit doucement sa sœur au coin de la scène du côté opposé*). Bon jour, ma chère Caroline. Il y a bien long-tems que nous ne nous sommes vus ! Suis-je toujours ton cher Auguste ?

CAROLINE.

Ah ! toujours.

AUGUSTE.

Que font mes petits frères ? Pensiez-vous quelquefois à moi, comme je pensois à vous...

CAROLINE.

Quand nous recevions de tes nouvelles, si tu avois pu nous voir, mon cher Auguste ! nous nous rassemblions tous. Maman, les lisoit, nous écoutions, nous faisions vingt fois recommencer maman, et ce n'étoit jamais assez pour nous, ni pour elle.

AUGUSTE.

Je faisois de même en recevant vos lettres.

CAROLINE.

Quel heureux tems que celui où nous ne nous quittions jamais !

AUGUSTE.

Oui, ma chère Caroline ! Te souvient-il de notre union fraternelle, de ces douces promenades du soir, autour de notre solitaire enclos ? Mais à propos de tout ce qui nous est cher, n'y a-t-il pas encore quelqu'un dont nous aurions à parler ?

CAROLINE, *en baissant les yeux.*

Quelqu'un.

LA MERE, *elle les regarde de tems en tems.*

Ces chers enfans ! . . . Ils s'aiment comme ils m'aiment . . . Heureuse mère !

AUGUSTE.

Autrefois, j'étois le confident de ma petite sœur . . . . Eh ! lève donc tes grands yeux noirs, qu'on aime tant à voir.

CAROLINE, *avec embarras.*

Eh bien, mon frère.

AUGUSTE, *avec malice.*

Comment se porte mon ami Ferdinand ?

CAROLINE.

Nous sommes partis sans l'avoir vu.

AUGUSTE.

Cela dût lui être bien sensible.

CAROLINE.

A moi aussi, mon cher Auguste.

AUGUSTE.

Je parie que dans ce moment-ci, il pense à nous.

CAROLINE.

C'est qu'il s'imagine que nous parlons de lui.

AUGUSTE.

Il t'aime toujours? . . . Tu baisses encore les yeux . . . Est ce qu'il n'en est rien?

CAROLINE.

J'en serois bien fâchée . . . . C'est un si honnête homme.

AUGUSTE.

Et qui mérite si bien le cœur de ma petite sœur !

CAROLINE.

Il le partage avec toi. Comment ne pas l'aimer ? Il est si sensible ; si compatissant . . Mon cher Auguste, le croirois-tu ? Depuis nos malheurs, il est encore plus tendre, il m'aime encore davantage, il veut tout sacrifier....

AUGUSTE.

Voilà comme agissent les bons cœurs.

SCÈNE VII.

AUGUSTE, THEODORE, CAROLINE, LA MERE D'AUGUSTE.

THEODORE, *accourant par la porte du fond.*

AH ! mon ami, ah ! Madame, quelle nouvelle ! Je suis hors de moi.

AUGUSTE.

Qu'est-il donc arrivé ?

LA MERE ET LA FILLE.

Comme il est saisi !

THEODORE.

Ecoutez-moi, mais sur-tout promettez-moi d'être tranquilles; voici le fait. J'étois occupé dans cette pièce voisine à lire les papiers publics, lorsque tout-à-coup un grand bruit s'élève dans la rue. J'y vole : que vois-je ? Une foule immense devant l'auberge de Madame, des Gens de loi, tout leur sinistre cortège . . . Au même instant, ces mots : *sentence*, *fuite*, *saisie*, frappent mon oreille. Les cruels vous poursuivent jusqu'ici.

AUGUSTE.

Juste Ciel !

LA MERE.

O mes enfans !

CAROLINE.

Voilà mes pressentimens.

THEODORE, *il frappe du pied d'impatience et il pleure.*

Eh ! non, non. Si j'avois des malheurs à vous apprendre, serois-je si tranquille !

CAROLINE.

Vous tranquille, Monsieur ! Eh ! vous êtes en larmes.

THEODORE.

Mais c'est votre faute, Mademoiselle ; pourquoi pleurez-vous tous ; remettez-vous et écoutez-moi jusqu'au bout.

AUGUSTE.

Ecoutons, écoutons, ma mère.

THEODORE.

Au milieu de cette troupe maudite étoit notre brave hôtesse, qui crioit à tout le monde : « arrêtez, arrêtez, que faut-il à la justice, à l'in- » justice ? De l'argent, des sûretés, toute ma » maison ? Parlez, mon mari est instruit de

« tout, il se charge de tout, il répond de tout ». L'époux arrive, sa femme se jette dans ses bras et lui crie : « ô mon cher, mon bon mari, ne » souffrez pas qu'on outrage chez vous la veuve » d'un brave Officier, qui ne vécut que pour » nous défendre, qui mourut en nous défendant, » et dont les enfans nous défendront encore. » Payons, mon ami, c'est une dette sacrée, » payons au nom de la Patrie ».

AUGUSTE, LA MERE ET CAROLINE.

Cœurs vertueux ! cœurs sensibles !

THEODORE.

Tout le monde est dans la consternation, et on attend en tremblant, ce que va faire l'époux. « Je dépose mille ducats, dit-il, et j'engage toute » ma fortune. Respectez la noblesse malheu- » reuse, et venez recevoir votre argent ». Tous les yeux versent des pleurs, mille cris répètent; « vivent les bons Citoyens ! » Et soudain un nouveau bruit se fait entendre : on écoute; on regarde ; on fait place. Arrive le père de l'Etat.....

AUGUSTE.

Le Roi.

THEODORE.

Lui-même ; il étoit déjà instruit.

AUGUSTE, *avec un cri de joie.*

O ma mère !

THEODORE.

Déjà l'iniquité est sans pouvoir, déjà deux bons cœurs goûtent leur récompense, et vos bienfaiteurs, au milieu des acclamations, suivent le Monarque en ces lieux.

LA MERE, *en prenant l'écrit qu'elle avoit laissé sur la table.*

Vérité ! tu vas approcher d'un Roi.

THEODORE, *tirant Auguste à part.*

Pour le coup, mon ami, je ne pouvois pas trouver une circonstance plus heureuse pour te forcer d'accepter mon argent. (*Il cherche son rouleau*) Où est-il donc ? . . . Mais qu'est-ce que j'en ai fait ? (*il cherche encore*) Je ne l'ai pas laissé sur cette table . . .

AUGUSTE.

Que cherches-tu donc ?

THEODORE.

Mon rouleau.

LA MERE.

Quel rouleau ?

On entend un grand mouvement derrière la scène.

AUGUSTE.

C'est le Roi.

LA MERE ET LA FILLE, *en courant çà et là.*

Le Roi, le Roi.

AUGUSTE, *en poussant sa sœur dans la porte gauche qui reste entr'ouverte.*

Retire-toi, ma sœur . . . Vous, ma mère, demeurez. Mais pour Dieu ! un peu de fermeté.

SCÈNE VIII.

LA MERE D'AUGUSTE, LE ROI, AUGUSTE, THEODORE, SUITE DU ROI, *dans le fond.*

LE ROI, *en entrant.*

SI le foible eut toujours dû trembler et se voir accabler par le puissant, on n'auroit pas songé à faire des loix. Il n'y a point de foible, point de puissant où je règne. Mon pouvoir est pour les opprimés, et ma présence pour tous mes sujets. (*Il apperçoit la mere d'Auguste qui s'incline profondément. Il ôte son chapeau, le garde à la main, et s'avance vers elle. La suite reste dans le fond*). Que désirez-vous, Madame ?

LA MERE, *tremblante.*

Sire. . . . Votre Majesté . . . Les ordres de Votre Majesté.

AUGUSTE.

Sire, c'est ma mère.

LE ROI, *en la fixant.*

Vous aviez un brave homme, pour époux, Madame; que puis-je faire pour sa famille? (*La mere lui remet le placet, le Roi le prend avec bonté et y jette les yeux, en fronçant le sourcil.* Vous avez perdu votre bien par une faillite.

LA MERE, *Théodore toujours occupé à chercher son rouleau, raconte bas son aventure aux Pages.*

Oui, Sire.

LE ROI.

Le tribunal a déclaré votre débiteur insolvable.

LA MERE.

Oui, Sire.

LE ROI.

Qu'est-il devenu?

LA MERE.

Il vit dans l'opulence.

LE ROI, *s'avançant d'un air terrible.*

Qui est le misérable qui a jugé ?

LA MERE.

Sire, le même qui me condamne aujourd'hui à payer ce que je ne dois point.

LE ROI, *Il marche avec agitation et froissant le placet entre ses mains, il dit à un Officier de sa suite.*

Approchez . . . *Changeant d'avis, il dit brusquement à Auguste.* Non, toi, écris (*Il s'arrête un moment.* Sont-ils mariés, ces gens-là? *l'inquiétude se lit sur tous les visages.*

LA MERE.

Sire, ils ne le sont ni l'un ni l'autre.

LE ROI, *avec un mouvement de joie vivement marqué.*

Ecris . . . . (*Auguste met un genou à terre auprès de la table, regarde le Roi avec une contenance assurée, et attend ce qu'on va lui dicter*). J'ordonne que tous les créanciers du du faux Négociant . . . (Mets les noms); Soient payés à l'instant avec les intérêts des intérêts, en commençant l'opération par le capital du juge. (*Tous les assistants donnent des marques de joie*). Qu'on porte cet ordre au chef de la justice (*un Officier le reçoit et part*).

La mère et la fille, ainsi qu'Auguste sortent leur mouchoir et essuyent leurs larmes. Auguste en tirant le sien laisse tomber un rouleau.

AUGUSTE.

O ma mère ! voilà de bonnes larmes.

THEODORE, *étourdiment ; voyant tomber le rouleau entre le Roi et Auguste.*

Mon rouleau !

PLUSIEURS PAGES ET PERSONNES DE LA SUITE DU ROI.

(*bas*) Son rouleau !

LE ROI.

Qu'est-ce ?

(*Il se met devant Théodore qui veut ramasser le rouleau*).

THEODORE.

Sire . . . (*bas*) que dirai-je? . . (*haut, en balbutiant*). Votre Majesté.... *bas à Auguste.* Tu l'as donc trouvé, et tu ne me le dis pas.

PLUSIEURS PAGES ET PERSONNES DE LA SUITE DU ROI.

bas. Il a pris son rouleau.

La mere pâlit.

AUGUSTE, *chancelant et tombant sur un genou.*

Je me meurs.

LA MERE, *avec un cri, n'osant aller à son fils de peur de manquer de respect au Roi.*

Auguste, ô mon malheureux fils !

LE ROI, *à la mere.*

Eh bien, eh bien ! par respect pour moi, Madame, vous laissez mourir votre enfant . . .

(*Il court à Auguste, le soutient et le releve avec la plus grande bonté*).

Auguste, Auguste.

AUGUSTE, *revenant à lui.*

O mon maître ! . . O mon Dieu tutélaire ! *avec le cri de la vérité.* Je suis innocent.

LE ROI, *avec attendrissement et lui serrant la main.*

Je le sais, mon ami.

THEODORE, (*au désespoir*).

Etourdi que je suis !

LE ROI, *faisant relever Auguste sur qui il pose une main protectrice.*

Qui est-ce qui ose accuser cet enfant ?

THEODORE, *tremblant.*

Sire . . . .

LE ROI.

Que parliez-vous de rouleau ? *Auguste leve sur le Roi un œil reconnoissant.*

THEODORE.

Sire . . . .

LE ROI, *brusquement.*

Eh bien ?

THEODORE, *n'en pouvant plus.*

Sire, j'en avois un, je l'avois offert à mon ami . . . Il l'a refusé . . . Je . . . je . . .

LE ROI, *plus brusquement encore.*

Eh bien ?

THEODORE, *précipitamment.*

Je l'ai mis dans sa poche.

LE ROI.

Vous l'avez mis dans sa poche !

SCÈNE IX.

LES MEMES, CAROLINE.

CAROLINE, *elle ouvre la porte avec violence traverse et s'élance vers son frère.*

MON frère, ma mère, pardon, Sire . . . Mais il s'agit de l'honneur de mon frère . . . Le voilà, votre rouleau. C'est moi qui l'ai trouvé sur un fauteuil dans ce salon : prenez, Monsieur, prenez votre argent, et n'exposez pas, ne perdez pas mon frère.

THEODORE, *transporté, sans prendre le rouleau, s'adresse à toute la suite du Roi, et sur-tout aux Pages.*

Messieurs, vous l'entendez . . . Auguste est innocent (*au Roi*). Grace, Sire. Grace. Mon ami étoit livré aux soupçons ; je ne savois ce que je disois, ce que je faisois ; je ne sentois que la peine de mon ami. Votre Majesté peut me faire punir ; mais mon cœur vaudra toujours mieux que ma tête.

LE ROI, *en retenant un souris.*

Ceci s'examinera, Monsieur : *il se tourne vers Auguste.* Auguste, . . . Tantôt quand tu dormais sur cette chaise . . . . *Auguste baisse les yeux.* Quel papier tenois-tu à la main ?

AUGUSTE.

La lettre de ma mère.

Théodore fixe souvent Caroline ; il craint de lui avoir déplu.

LE ROI, *avec bonte.*

Si je l'avois lue, tu me le pardonnerois, je pense . . . . Quand on place si bien son argent, ce n'est pas trop d'un témoin . . . et pendant ton songe . . . . ne croyois-tu pas que le Ciel t'envoyoit cent ducas?

AUGUSTE, *jettant un regard sur sa mère.*

Ah! Sire.

LE ROI.

Eh bien, c'est moi qu'il a chargé de te les remettre. Voilà, Messieurs, toute l'énigme. Les modestes vertus de cet enfant devroient servir d'exemple à ceux qui l'accusoient. *Théodore court à son ami et l'embrasse.* Faites venir ce brave homme et sa femme: (*à la mère*). Combien avez-vous d'enfans, Madame?

LA MERE.

Sire, cinq fils et une fille.

LE ROI.

J'aurai soin des vôtres. Je vois que vous

leur parlez souvent de leur père . . . Avez-vous fait un choix pour cette Demoiselle ?

Théodore fait un pas en avant.

LA MERE.

Sire, son cœur avoit choisi, mais nos malheurs et le peu de fortune du futur . . .

LE ROI.

Qu'elle l'épouse, et qu'il serve; le reste me regarde.

THEODORE, *à part.*

Adieu, mon mariage.

SCÈNE X.

LES MEMES, PHLIPS ET SA FEMME.

LE ROI, *à Phlips et sa femme.*

APPROCHEZ . . . Venez, Madame: l'action que vous venez de faire ne me surprend pas, je sais que ce n'est pas la première.

PHLIPS ET SA FEMME.

Ah ! Sire . . . .

LE ROI.

Je vous confie tous les biens de mes maisons de charité . . . Il faut un honnête homme pour remplir cette place, et personne ne la mérite mieux que vous. Théodore, je vous donne une Cornette dans mes Gens-d'Armes. Auguste, je double ta pension; et mon frère t'accorde une Lieutenance dans son Régiment; tu es bon fils, tu seras brave comme ton père, et tes vertus te rendent digne de servir sous un tel Général. *à la mère* Adieu, Madame . . . Je vous remercie d'être bonne mère.

(*il sort*).

TOUT LE MONDE, *entoure le Roi en s'écriant*.

Ah ! le bon Roi ! le Grand Roi ! le bon Roi !
La suite du Roi sort avec lui.

FIN.

COUPLETS

AIRS DES DEUX PAGES.

N°. 1.

Allegro.

cla-ves de ces Meſſieurs-là.
F.
Sans affecter un air ſe-vère,
à leur joug on peut ſe ſouſtraire, & le
bon moy-en le voi-là.

Pour nous plai-re, pour nous
plaire vous les voyez,
vous les voyez
in-sinuans, complaisans,

rampans,
tremblans, entrepre-
F.
nans, en-treprenans hu-mi-li-
P.
Sans respirer.
és; dans cet état il faut qu'ils viennent,
P.

il faut qu'ils viennent à nos
pieds, & quand ils y sont, & quand ils y
F. P.
P.
sont qu'ils s'y tiennent, qu'ils s'y
PP.
tiennent, & quand ils y sont, & quand ils y
Poco P. F.P.

E. P.
ſont, quand ils y ſont, quand ils y ſont
F. P.
qu'ils s'y tien - nent, & quand ils y ſont, &
F.
quand ils y ſont, quand ils y ſont, quand
F.
P.
ils y ſont que ces Meſſieurs s'y tiennent, que
P.

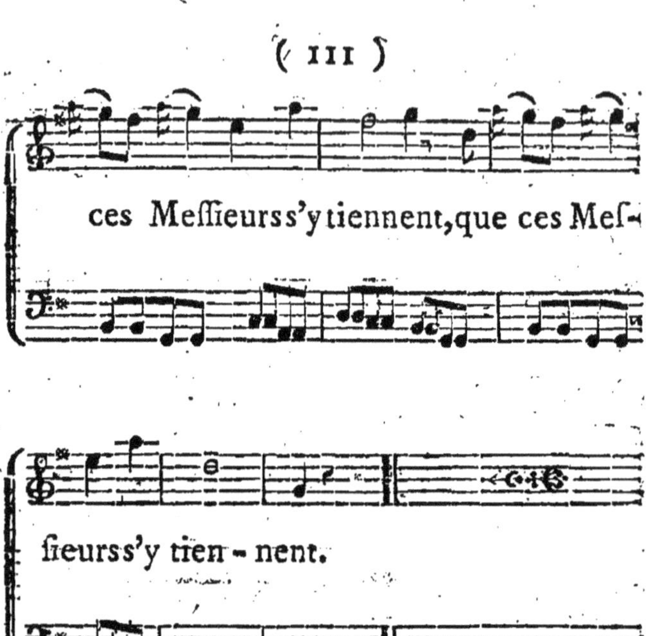

N°. 2

Andantino.

Pages, Messieurs les
Pa-ges ne sont dit-on que jeux d'enfants, ne sont dit-on que jeux d'enfants ;
& l'on doit voir leurs ba-

di - na - ges a-vec des
Poco f. F.
yeux très - indulgents, a-vec des yeux
P. F.
très-indulgents. Tant
ff.
qu'ils ne font pas dans un â-ge où

l'on peut cauſer quelqu'om-bra-ge

P.

F.

Recitativo.

à des époux, à des ma-

Sans reſpirer.

mans. Les tours que font Meſſieurs les

Tempoprimo.

Pa-ges, les tours que font Meſſieurs les

Pages ne ſont encor que jeux d'enfants, ne
ſont en - cor que jeux d'enfants, ne
ſont en - cor que jeux d'enfants.

Second Couplet.

Pour ſé-duire une fille ſa-ge,
pour troubler la paix d'un mena-
Recitativo.
F.
que leur faut - il ?
Sans reſpirer.
quinze ou ſeize ans. Les tours que font Meſſieurs les Pages, les tours que font Meſ-
Pages ſont-ils encor des jeux d'enfans ſont-
ils en - cor des jeux d'enfants, ſont-ils
en - cor des jeux d'enfants.

Couplet chanté au Prince HENRI par la mère d'Auguſte.

N°. 3.

des-te & ſen - ſi-ble, mo-deſ-te & ſen-
Poco f.
ſi - ble; allons rendre gra - ce
P.
au hé - ros qui te re-çoit ſous
P.
ſes dra-peaux : ſi la gloi-re te
P.
P.
P.

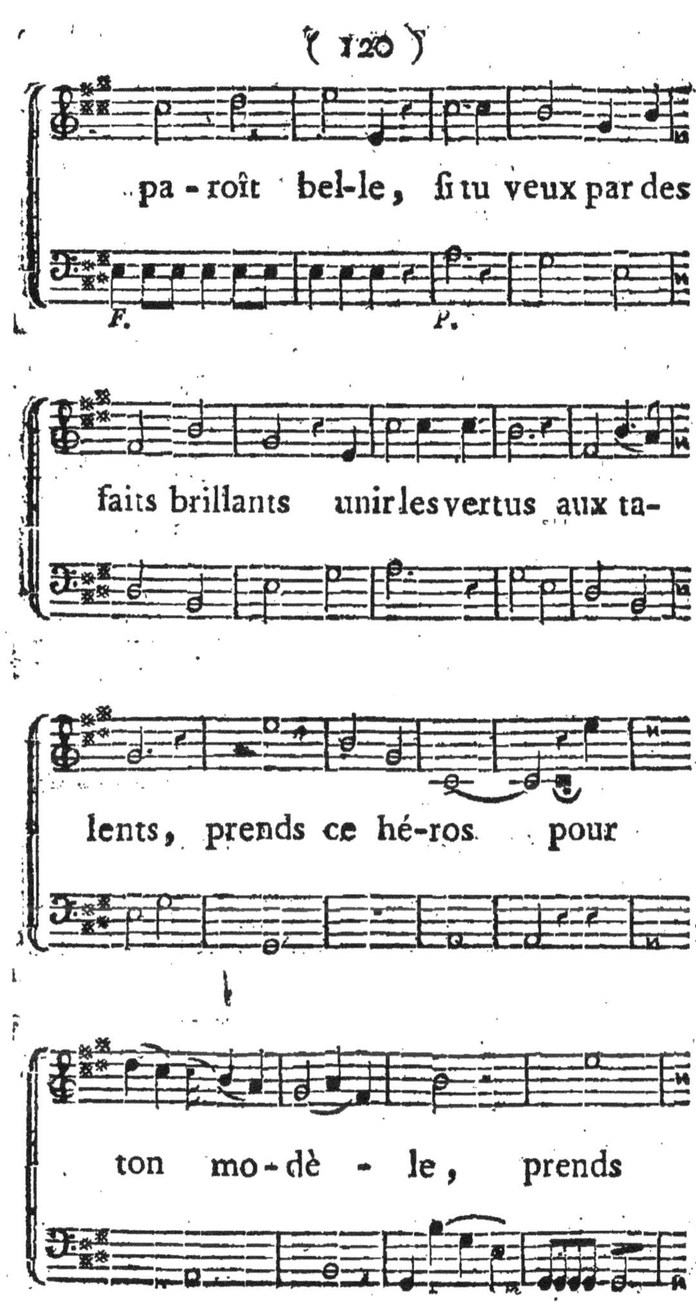
pa - roît bel-le, si tu veux par des
F.
P.
faits brillants unir les vertus aux ta-
lents, prends ce hé-ros pour
ton mo - dè - le, prends

ce hé-ros pour ton mo - dè
le.

VAUDEVILLE.

N°. 4.

C'eſt dans ſa bien-fai-ſance qu'é-
cla-te ſa puiſſan-ce, le foible en ſa pré-
Da capo.
ſen-ce peut invoquer ſes loix. Chantons

IIe *Couplet.*

DANS un Roi populaire
Nous trouvons tous un père,
De ce Roi qu'on révère
Vous voyez le portrait;
D'un indulgent suffrage
Honorez cet ouvrage,
Agréez-en l'hommage
En faveur du sujet.

La Partition de toute la Musique se trouve chez l'Auteur.

APPROBATION.

J'AI lu par ordre de Monseigneur le Garde des Sceaux une Comédie, ayant pour titre : *Auguste et Théodore ou les deux Pages*; et je n'y ai rien trouvé qui puisse en empêcher l'impression. A Paris, ce 19 Février 1789, SUARD.

CATALOGUE

DES Livres Nouveaux qui se trouvent chez KNAPEN *Fils, Libraire-Imprimeur, rue Saint André-des-Arts, en face du Pont Saint-Michel.*

ÉTRENNES DE MNÉMOSYNE ou Recueil d'Epigrammes & de Contes en vers, 1788 & 1789. 1 l. 4 sols, chacun, broc.

On ne dira rien ici de cet Ouvrage dont le succès est attesté par tous les journaux de la Capitale & des Provinces. On prévient seulement que le troisième volume paraîtra dans le courant de décembre prochain, & l'on invite MM. les Auteurs à envoyer francs de port, avant le premier octobre, à l'adresse indiquée ci-dessus, les Contes & les Epigrammes qu'ils voudront faire imprimer dans ce recueil.

Relation d'une Expédition à la Baye Botanique, 1 liv. 10 sols.

Il a été souvent question de ce nouvel établissement, dans la Gazette de France & dans tous les Journaux Politiques de l'Europe; cependant, pour que le public puisse mieux juger de l'intérêt que doit présenter la Relation du Capitaine Watkin Tench, nous allons rapporter une lettre écrite à ce sujet à MM. les Auteurs du Journal de Paris, & insérée dans le nº. 108 du samedi 18 avril 1789.

» Messieurs, l'établissement que les Anglais viennent de faire dans la nouvelle Hollande, paraît devoir tenir une place parmi ce petit nombre d'évènements qui méritent d'être consignés dans les annales du genre humain. Cette île, presque aussi étendue que l'Europe, & conséquemment la plus grande que l'on connaisse, va recevoir les arts & la civilisation des Européens, qui, chose, sans doute, plus extraordinaire, n'y ont été chercher ni de l'or, ni des victimes ou des esclaves, mais les seules richesses qu'un sol fertile peut fournir. Les hommes choisis pour fonder cette nouvelle Colonie, pris parmi la classe des malfaiteurs, sont peut-être les moins propres à la faire fleurir promptement; mais on a pris les précautions les mieux entendues pour rendre à l'habitude du travail, c'est-à-dire à toutes les vertus, des malheureux dont la plupart ne doivent leur avilissement qu'à des fautes dont ils sont peut-être moins comptables qu'on ne pense. Quoi qu'il en soit, déjà une ville immense est tracée, & plusieurs maisons sont achevées de bâtir. Tout ce qui a rapport à cette Colonie naissante est confirmé dans un Ouvrage du Capitaine Tench. Sa relation présente des faits si intéressants, que j'ai cru qu'on me saurait gré de la publier.

Nous devons ajouter avec le traducteur, que dans le moment où la Nation assemblée veut s'occuper de détruire tous les abus, & par conséquent d'adoucir les loix pénales, cette relation qui fournit un moyen de disposer utilement des criminels, semble mériter encore plus d'attention.

Nous croyons devoir présenter encore ici, la traduction littérale d'une notice de cet ouvrage, insérée dans un des journaux anglais, les plus estimés, le *Monthly Review*. Cette notice est tirée du cahier d'avril 1789.

« Le Capitaine Tench a donné la meilleure relation du voyage de la flotte employée au transport des criminels à la Baye Botanique. En arrivant dans ce lieu, on ne trouva point de terrain propre à l'établissement projetté, et la flotte alla vers le port Jackson, qui n'est qu'à quatre lieues, au nord de la Baye, où l'on découvrit une excellente gare. C'est-là qu'on se fixa, et que l'on jetta les fondements d'une Colonie qui sera peut-être un jour une des plus grandes & des plus florissantes. Cette relation est écrite dans le style le plus convenable à la chose, & enrichie des descriptions des lieux où la flotte a touché dans le cours de son voyage, tels que Ténériffe, Rio Janeiro, & le Cap de Bonne-Espérance.

Poësies diverses par M. de la Montagne, 1 l. 16 s.

On a vu dans les journaux & dans les collections annuelles, quelques-unes des pièces qui paraissent dans ce volume; elles ne peuvent que donner une idée avantageuse des morceaux qui n'avaient point encore été imprimés: on trouvera dans ce recueil des stances écrites sur le tombeau du Duc de Choiseul, des vers à M. le Mierre, de l'Académie Française, à M. Mercier, Auteur du Tableau de Paris, à M. François de Neufchateau, à M. S. Fal, après une représentation de Roxelane & Mustapha, à M. Dazincourt, après la seconde représentation de la Physicienne, comédie de l'Auteur, &c. &c. On y lira encore avec plaisir, des épigrammes, des romances; des madrigaux, des contes, le poëme de la Lévite conquise, une fable à M. le Chevalier de Pougens; mais, la pièce intitulée: Entretien avec Dieu, nous paraît, sur-tout, digne de l'attention des Amateurs de la belle poësie.

Ce volume est terminé par deux lettres de M. de Voltaire à M. de la Montagne, Médecin de Bordeaux, & ces lettres sont précédées de l'épitaphe & d'une notice de la vie de ce médecin homme de lettres.

Observations sur le Réglement du 22 mai 1782, concernant les preuves de Noblesse exigées pour entrer au Service, 12 sols.

Ces observations doivent être lues avec empressement par tous ceux qui sont engagés dans le service militaire ou qui se destinent à cette profession, & nous pensons qu'elles sont propres à intéresser la justice & la générosité de l'ordre que favorise ce Réglement, dont il est probable que les Etats-Généraux ne négligeront pas de s'occuper.

Auguste & Théodore, ou les deux Pages. 1 l. 10 s.

Cette petite comédie a joui du succès le plus brillant sur le premier théâtre de la Nation, & nous ne doutons pas qu'elle ne produise le plus vif intérêt à la lecture. Plusieurs scènes gaies qui s'y trouvent, contrastent agréablement avec les scènes touchantes qu'elle offre en plus grand nombre, & il est presqu'impossible d'arriver à la fin de ce drame ingénieux, sans avoir été souvent attendri jusqu'aux larmes.

Bevues, Erreurs & Méprises de différents Auteurs célèbres en matière Musicale par M. le Febure. 1 liv. 16 sols.

Ce livre intéressera les Musiciens par des discussions importantes sur plusieurs points essentiels de l'art. Les Amateurs, par une foule de notions tout-à-fait neuves, sur le caractère expressif des sons musicaux, & les Poëtes, par des idées qui fixent enfin avec précision, la structure des vers lyriques. D'autres questions très-curieuses, telles que la cause de l'intonation, & le rapport des sons aux couleurs, s'y trouvent résolues de manière démontrer qu'on était jusqu'ici dans l'erreur sur ces objets, & les littérateurs même trouveront, dans cet Ouvrage, un style & des connaissances variées, qui semblent avoir souvent manqué aux professeurs de ce bel art.

La Visite d'Eté ou Portraits Modernes ; par l'Auteur de Georges Bateman & Maria, 2 vol. traduit de l'Anglais, par M. de la Montagne, Auteur de plusieurs Ouvrages Dramatiques. 3 l.

On attribue ce Roman, dit le Traducteur, à une jeune Anglaise. L'intrigue en est très-simple, mais bien liée : de légers incidents y développent d'une manière naturelle les divers caractères que l'Auteur a voulu peindre. Sans être ému avec force, on est doucement intéressé jusqu'au dénouement qui se termine par un tableau pathétique. Le but moral est très-marqué & d'une grande importance pour les personnes mariées.

M. de la Montagne a joint dans le cours de l'ouvrage plusieurs notes qui ne peuvent qu'ajouter au mérite de sa traduction. *Journal de Paris du 9 Mai 1788.* *

Répertoire Anglais, in-8. 2 vol. 4 liv.

Instruire en amusant, & faire connaître de la sorte les mœurs & les caractères, le génie & l'esprit des Anglais, voilà le but que s'est proposé l'Auteur ; aussi cet Ouvrage renferme-t-il une foule d'anecdotes, dont presque toutes ont un caractère d'originalité qui les distingue de celle des autres peuples. On lira sur-tout avec plaisir, *la Méthode abrégée de capter la faveur de la Nation Anglaise*, *les Vices de la Jeunesse & de la Vieillesse*, *le Portrait d'un Conntry Squire (Gentilhomme Anglais)*, *la Description du Waux-Hall, & celle du Ranelagh. Les morceaux intitulés du Commerce de l'Angleterre, des droits ou de la liberté des Anglais, leur vie, leurs modes, le Divorce causé par le luxe. Un article ayant pour titre, Tendresse Filiale ; un autre, Excursion Sentimentale, &c. &c. &c.*

* Presque toutes ces Notices sont extraites du Journal de Paris, des Petites-Affiches, du Mercure ou de l'Année Littéraire.

Répertoire Universel, Portatif, d'Augustin Rouillé, in-8. 2 vol. broch. Prix 10 liv. 4 sols.

L'Auteur expose lui-même dans son avant-propos le vaste plan de son travail. « Le nombre des gens instruits, ou qui cherchent » à s'instruire, dit-il, devenant plus grand de jour en jour, » cette partie de la Société recevra, je crois, avec plaisir, » ces Extraits, qui, réunissant sous un même point de vue ce » qu'on ne trouverait qu'avec beaucoup de peine & de recher- » ches dans plus de mille Volumes, présentent des définitions » claires & précises, qui, quoique courtes, sont suffisantes pour » donner des notions vraies & certaines de tous les objets qui ont » existé & qui existent dans la Nature.

» On y trouve aussi tout ce qui peut être utile dans la Société; » les qualités, genres & espèces de tous les mots; les descriptions » anatomiques de toutes les parties de l'homme & de la femme; » les différents maux qui attaquent chacune de ces parties; leurs » symptômes, leurs causes & leurs remèdes; les époques de l'é- » tablissement de tous les Ordres, tant Religieux que Militaires; » des batailles mémorables, sous le nom connu qu'on a donné à » chacune; de la découverte des Pays & des Isles, avec les noms » de ceux qui les ont découverts; les différentes Religions & les » différentes Sectes, tant anciennes que modernes; la Mythologie; » la Fable; la Géographie; la Chimie; la Morale; les différents » systèmes de Physique; la Géométrie; l'Astronomie; les » étoffes de toute espèce; les outils & instruments de tous les » Arts & Métiers; la description & les vertus de tous les vé- » gétaux, plantes, arbres, fleurs & fruits; la description des » usages des minéraux; la description & les usages des quadru- » pèdes, des oiseaux, des reptiles, des insectes, des poissons » de mer & d'eau douce, des cétacées, des crustacées, des co- » quillages; les villes capitales, & celles où résident les Souve- » rains; les bornages de tous les Pays aux quatre coins cardinaux;

» les fleuves ; les rivières principales ; les volcans ; les cavernes ; » les goufres ; les phénomènes ; météores, &c. ».

M. Rouillé ajoute qu'il s'est attaché particulièrement à détailler les objets peu connus, qui sont en grand nombre dans ce Répertoire ; cela ne l'a pas empêché de définir les autres ; mais ayant tant de choses à dire, il a retranché des extraits qu'il avait rassemblés, tout ce qui lui a paru redondant ; enfin, pour nous servir de son expression, il s'est fait un devoir d'*économiser* sur les mots, & à force d'économie, il est parvenu à réduire à deux volumes in-octavo des matériaux qui, dans leur premier état, auraient pu facilement former plusieurs in-folio.

Délassements Champêtres ou Elite de Poësies Pastorales, traduites de l'Allemand, par M. Paillet, Avocat en Parlement, 1788. 1 l. 10 s.

Ce petit volume portatif sera lu avec plaisir par ceux qui aiment le genre pastoral. Les pièces qu'il contient sont au nombre de quarante-cinq, nous ne pouvons en rapporter aucune ; mais il nous suffira de dire que le Journal de Paris a cité en entier l'Ydile, intitulée l'Heureux Berger, & qu'il a présenté des fragments ou des Extraits de plusieurs autres. M. Paillet a ajouté à son volume deux anciennes pièces de vers. La première est une Ode de Philippe DES PORTES, *sur les plaisirs de la vie rustique* ; la seconde des stances de NICOLAS RAPIN, *sur les plaisirs du Gentilhomme Champêtre.*

De l'influence des Passions sur les Maladies du Corps Humain, par M. William Falconer, Docteur en Médecine, Membre de la Société Royale de Londres, & Correspondant de la Société de Médecine de la même Ville : Dissertation qui a obtenu, en 1787, la première Médaille fondée en l'honneur du Docteur Fothergill, dans la Société de Médecine de Londres, traduit de l'Anglais, par M. de la Montagne, Docteur en Médecine. 1 liv. 16 s.

Les affections de l'ame produisant des changements très-marqués dans les fonctions du corps, il est de la plus grande importance pour un Médecin, d'avoir tous leurs effets bien présents à l'esprit. Cette dissertation satisfera les gens de l'art, & fournira de grandes lumières à ceux qui étudient l'homme, dont on ne peut bien connaître le moral sans étudier le physique. Le Traducteur a ajouté beaucoup de notes curieuses qui éclaircissent, confirment ou modifient les principes de l'Auteur.

Dissertation sur cette Quesstion : Est-il des Moyens de rendre les Juifs plus utiles & plus heureux en France ? Ouvrage couronné par la Société Royale des Sciences & des Arts de Metz ; par M. Thiery, Avocat au Parlement de Nancy. 1 liv. 10 sols.

M. Thierry plaide la cause des Juifs avec chaleur ; mais sans partialité ; il cite les mauvais traitements & les outrages journaliers qu'ils reçoivent à côté des faibles reproches qu'on a coutume de leur faire, reproches qui d'ailleurs sont pour la plûpart exagérés ou même supposés. Cette question assez importante par elle-même, acquiert un nouveau degré d'intérêt, par le nombre des concurrents qui se sont présentés pour la traiter, & la supériorité de plusieurs d'entr'eux qui a forcé l'Académie à partager la couronne à trois personnes, parmi lesquelles s'est trouvé l'Auteur du Discours que nous annonçons. Cette circonstance est une anecdote bien glorieuse pour l'humanité, & qui doit faire époque dans les fastes littéraires.

La Mort de Molière, pièce en trois actes, en vers, reçue à la Comédie Françaiſe, le 31 janvier 1788, 1 liv. 4 sols.

Cette Comédie, reçue depuis le 31 janvier 1788, est d'un homme de lettres déjà connu par beaucoup d'Ouvrages. On assure qu'elle sera bientôt représentée.

Fables Nouvelles, par M. Richaud Martelli, avec cette Epigraphe de la Fontaine, tirée de la quatrième Fable du huitième Livre :

Le Monde est vieux, dit-on; je le crois; cependant
Il le faut amuser encor comme un enfant.

1788 1 liv. 4 sols.

Les Fables contenues dans ce Recueil, qui est le fruit des délassements d'un Acteur de Bordeaux, ont pour la plûpart un but très-moral, & se font distinguer par du naturel & de la facilité.

Détails authentiques, relatifs à la tenue des Etats-Généraux, en 1614, au commencement de la majorité de Louis XIII, tirés du Mercure françaiſ & de l'intrigue du Cabinet.

Les Etats-Généraux de 1614 sont les derniers qui ont été tenus en France; ils paraissent devoir, dans les circonstances actuelles, fixer plus particulièrement que les autres Assemblées de ce genre, l'attention & la curiosité des Citoyens de chaque ordre. On verra, sans doute, avec quelqu'intérêt, les noms & qualités de tous les Députés dont ils furent composés, le cérémonial qu'on observa à leur ouverture, les objets qui y furent discutés, & le résultat des opérations qu'ils occasionnèrent. C'eſt-là le tableau que l'Editeur s'est proposé de mettre sous les yeux de ses lecteurs. 1 liv. 4 sols.

Dictionnaire de Musique, dans lequel on simplifie les expressions & les définitions Mathématiques & Physiques qui ont rapport à cet Art, avec des Remarques impartiales sur les Poëtes Lyriques, les Versificateurs, les Compositeuts, Acteurs, Exécutants, &c. avec cette Epigraphe :

Les discours trop savants ne parlent qu'aux oreilles.

Par J. J. O. de Meude-Monpas, Chevalier 3 l.

L'Auteur de ce Dictionnaire parle toujours avec le plus grand respect de Rousseau, qu'il appelle son maître. On s'imagine bien d'après cela, qu'il n'a pas eu la prétention de faire mieux que ce grand écrivain ; il a voulu seulement se mettre plus à la portée de ceux qui ont besoin de s'instruire. Ses définitions, quoique précises, sont de temps en temps semées d'anecdotes nouvelles & piquantes, qui rendent la lecture de ce livre, moins aride que celle de la plûpart des autres Ouvrages élémentaires.

Oraison Funèbre de M. le Premier Président d'Ormesson, prononcée en l'Eglise Royale & Paroissiale de S. Paul, le samedi 14 mars 1789, par M. Bossu, Curé de cette Paroisse, Prédicateur du Roi, & Censeur Royal. 1 liv. 4 sols.

Cette Oraison Funèbre offre des détails intéressants & des anecdotes touchantes qui justifient les éloges qu'elle renferme, & l'estime dont M. le Président d'Ormesson a joui pendant tout le cours de sa vie.

Réponse à la Question proposée par M. l'Abbé Raynal, adressée à l'Académie de Lyon, avec cette épigraphe :

Les richesses toujours ont causé nos malheurs.

par J. J. O. de Meude-Monpas, 12 s.

L'Epigraphe de ce Discours indique assez clairement le parti que l'Auteur a pris dans cette cause intéressante ; il n'hésite pas, à prononcer que » la découverte de l'Amérique est le plus grand » malheur qui ait accablé les trois autres parties du Monde «. Son style est précis, ses rapprochements sont énergiques & ses raisons au moins très-spécieuses.

Aux Soldats, par M. de Boussanelle, Brigadier des Armées du Roi, ancien Capitaine au Régiment du Commissaire-Général de la Cavalerie, Membre de l'Académie Royale des Sciences & Belles-Lettres de Beziers, avec cette Epigraphe :

Militum virtuti et gloriæ ea debebatur merces.

De Militiâ Romanâ, cap. 10, *de Triumphis.* 2 liv. 10 sols.

Cet Ouvrage est un traité de morale historique à l'usage des soldats, dans lequel l'Auteur ne cesse de leur rappeller ce qu'ils sont ou ce qu'ils doivent être. La Bruyere, Cicéron & Montaigne y sont souvent cités ; mais on y trouve sur-tout beaucoup de traits de M. de Turenne et d'anecdotes sur plusieurs des Officiers & des Soldats Français. Ce livre est donc intéressant pour les uns & pour les autres. Aussi le Censeur, M. de Kéralio n'a-t-il pas cru devoir se borner à une simple approbation. « Je n'y ai rien trouvé, dit-il, qui puisse empêcher l'impression & qui ne doive faire désirer la publication de cet Ouvrage, propre à faire naître, à ranimer ou entretenir dans tous les Militaires, & sur-tout dans le Soldat, les sentiments dignes de leur état «.

Eloge de Messire Charles-Marguerite-Jean-Baptiste Mercier Dupaty, Président à Mortier au Parlement de Bordeaux, par M. R.... Avocat en Parlement, avec cette Epigraphe tirée d'Horace :

Multis ille bonis flebilis occidit;
Nulli flebilior quàm mihi!

1789. . . . . 1 liv. 4 sols.

L'éloquence & l'humanité de M. Dupaty méritaient sans doute

www.ingramcontent.com/pod-product-compliance
Lightning Source LLC
Chambersburg PA
CBHW072108090426
42739CB00012B/2889
9782012875340